Partir de Zéro
Créez une Entreprise qui Vous Ressemble

Introduction

À l'heure actuelle, se lancer dans l'entrepreneuriat peut apparaître comme un défi intimidant, surtout lorsqu'on part de zéro. Nous sommes souvent confrontés à des obstacles, que ce soit le manque de ressources, d'expérience ou de temps. Pourtant, entreprendre, c'est bien plus qu'une simple quête de succès financier. C'est l'opportunité de créer quelque chose qui reflète véritablement qui vous êtes, de bâtir un projet à votre image, en accord avec vos valeurs, vos passions et votre vision du monde.

Ce livre a été conçu pour vous guider pas à pas dans cette aventure entrepreneuriale en vous offrant des exemples concrets et de l'inspiration. Que vous soyez au début de votre réflexion ou prêt à faire le grand saut, vous y trouverez des conseils pratiques, des idées stimulantes et des stratégies concrètes pour vous aider à démarrer et à développer une activité en accord avec vos aspirations profondes. Chaque chapitre propose des actions réalisables et des perspectives éclairantes pour que vous puissiez construire une initiative viable, alignée avec vos désirs personnels et professionnels.

Créer un projet ne doit pas être un parcours figé ou une course contre la montre. C'est un chemin personnel que chacun peut tracer à son propre rythme. Que vous rêviez de liberté financière, de contribuer à un changement sociétal ou simplement de redonner un nouveau sens à votre quotidien, ce guide est là pour vous accompagner. Il ne s'agit pas de suivre des modèles préétablis, mais bien de bâtir une structure qui vous correspond et qui vous permettra de vous épanouir pleinement, en tant qu'entrepreneur et en tant qu'individu.

Prenez le temps d'explorer ces pages, de réfléchir à votre projet et d'adapter les conseils à votre réalité. Vous avez en vous tout ce qu'il faut pour réussir. Ce livre n'est pas juste une série de recommandations : c'est une invitation à vous engager pleinement, à donner vie à vos idées et à créer une activité qui non seulement prospérera, mais qui vous épanouira à chaque étape du parcours. Le pouvoir est entre vos mains. À vous de l'utiliser !

Sommaire

1.Développer une Mentalité d'Entrepreneur

L'entrepreneuriat est bien plus qu'une simple aventure économique ou professionnelle. Il s'agit d'un état d'esprit, une manière de penser et d'agir qui peut transformer une idée en une réalité florissante, même lorsque l'on part de zéro. Ce chapitre est entièrement consacré à l'importance de **développer une mentalité d'entrepreneur** et de croire en sa capacité à réussir, même sans ressources financières initiales.

1.1. La Clé de la Réussite : Croire en Soi

Lorsque l'on démarre une entreprise, surtout sans argent, la première barrière à surmonter est souvent **psychologique**. Beaucoup de gens abandonnent avant même d'avoir commencé, non pas à cause d'une difficulté concrète, mais en raison d'un **manque de confiance en soi**. Avoir la mentalité d'un entrepreneur commence par une conviction profonde : vous êtes capable de surmonter n'importe quel obstacle.

Il est essentiel de **croire en votre capacité à réussir**, même si tout semble contre vous. Cette conviction ne repose pas nécessairement sur une certitude absolue, mais sur une confiance en vos capacités à apprendre, à persévérer et à vous adapter. Les entrepreneurs qui réussissent sont souvent ceux qui, même dans des situations difficiles, maintiennent une attitude optimiste et proactive.

La confiance en soi ne signifie pas ignorer les difficultés ou être naïf face aux obstacles, mais plutôt reconnaître qu'avec de la **détermination, de l'apprentissage constant**, et une forte **résilience**, vous pouvez transformer une idée, aussi petite soit-elle, en une entreprise prospère.

1.2. Accepter les Échecs comme des Leçons

L'une des premières choses que vous devrez intégrer dans votre mentalité d'entrepreneur est **l'acceptation de l'échec**. Contrairement à ce que l'on pourrait croire, l'échec fait partie intégrante du parcours entrepreneurial. Chaque entrepreneur qui réussit a traversé de nombreuses épreuves et connaît des moments où les choses ne se sont pas déroulées comme prévu.

Cependant, au lieu de voir l'échec comme une fin, vous devez l'envisager comme une opportunité d'apprendre et de vous améliorer. **L'échec est un professeur précieux**. Il vous aide à identifier ce qui fonctionne et ce qui ne fonctionne pas, à ajuster votre stratégie et à vous améliorer.

Voici quelques façons de développer une mentalité qui embrasse l'échec :

- **Apprenez à prendre des risques calculés** : Dans toute entreprise, il y aura des moments où vous devrez sortir de votre zone de confort et prendre des risques. Ce qui différencie un entrepreneur avisé, c'est sa capacité à évaluer les risques et à savoir quand les prendre.
- **Voir les erreurs comme des étapes vers la réussite** : Chaque erreur que vous ferez vous rapprochera de la bonne décision. L'erreur n'est pas un échec en soi, c'est un pas vers une solution plus efficace.

- **Réajuster rapidement** : Si une idée ou une stratégie ne fonctionne pas, vous devez être prêt à changer de cap rapidement sans perdre de temps.

1.3. Cultiver une Attitude Proactive et Persévérante

La clé du succès entrepreneurial réside également dans la **proactivité** et la **persévérance**. L'entrepreneur ne se contente pas d'attendre que les opportunités arrivent ; il va les chercher. En tant que futur entrepreneur, vous devez être capable de sortir des sentiers battus, d'identifier les occasions qui peuvent sembler invisibles aux autres et de prendre des mesures concrètes pour les saisir.

Cette mentalité proactive implique de :

- **Chercher des solutions** au lieu de se concentrer sur les problèmes. Chaque défi est une opportunité déguisée pour ceux qui savent le voir sous cet angle.
- **Être curieux et toujours en quête de connaissances**. Les entrepreneurs à succès sont constamment à la recherche de nouvelles idées, de nouvelles façons d'améliorer leurs processus, et ils ne cessent jamais d'apprendre.
- **Ne pas attendre la perfection**. Un piège courant est de vouloir attendre d'avoir toutes les conditions parfaites avant de se lancer. En réalité, les entrepreneurs efficaces préfèrent "faire des erreurs en avançant" plutôt que de rester immobiles en espérant le moment idéal.

La **persévérance** est tout aussi cruciale. Démarrer une entreprise peut être difficile, et il est presque certain que vous rencontrerez des moments de découragement. Cependant, c'est la persévérance qui vous distinguera. Être capable de continuer à avancer malgré les difficultés et les obstacles vous rapprochera inévitablement de votre objectif.

1.4. Se Fixer des Objectifs Clairs et Ambitieux

Une mentalité entrepreneuriale repose sur une vision claire. **Savoir où vous voulez aller** est essentiel pour réussir. Sans objectifs précis, il devient difficile de rester motivé ou de savoir quelles actions prendre.

Lorsque vous définissez vos objectifs, assurez-vous qu'ils soient à la fois **réalistes** et **ambitieux** :

- **Réalistes** : Vos objectifs doivent être atteignables dans le contexte de vos ressources actuelles. Si vous commencez sans argent, il peut être irréaliste de fixer un objectif de chiffre d'affaires immédiat très élevé. Mais vous pouvez commencer par de petits objectifs qui sont des étapes vers ce succès plus grand.
- **Ambitieux** : Ne vous limitez pas par peur de l'échec. Vos objectifs doivent vous pousser à sortir de votre zone de confort et à rêver plus grand.

Ensuite, décomposez vos grands objectifs en **petites étapes réalisables**. Cela vous aidera à maintenir le cap sans vous sentir accablé par la taille de la tâche à accomplir. Chaque petit succès vous rapprochera de votre objectif final.

1.5. Gérer les Doutes et Rester Motivé

Tout entrepreneur, à un moment ou à un autre, fait face à des **doutes**. Ces doutes peuvent concerner la viabilité de votre idée, votre capacité à réussir, ou les obstacles financiers. Apprendre à gérer ces doutes est une compétence cruciale.

Voici quelques stratégies pour y parvenir :

- **Entourez-vous de personnes positives et motivantes** : Votre environnement joue un rôle majeur dans votre état d'esprit. Évitez les personnes toxiques ou pessimistes qui pourraient freiner votre progression et cherchez à vous entourer de personnes qui croient en vous et en votre projet.
- **Trouvez un mentor** : Un mentor peut vous aider à surmonter les moments de doute en vous fournissant des conseils, un soutien moral et une perspective extérieure sur vos défis.
- **Rappelez-vous de votre pourquoi** : Chaque fois que vous vous sentez découragé, revenez à la raison pour laquelle vous avez commencé cette aventure entrepreneuriale. Cela renforcera votre motivation intrinsèque.

1.6. L'Autodiscipline : Un Pilier Fondamental

Sans autodiscipline, il est très difficile de maintenir une entreprise sur les rails, surtout dans les premières étapes où chaque décision compte. L'autodiscipline consiste à être capable de se concentrer, de respecter ses propres délais et d'accomplir les tâches nécessaires, même lorsque vous ne vous sentez pas particulièrement motivé.

Quelques conseils pour renforcer votre autodiscipline :

- **Établissez une routine** : Une routine bien définie vous aide à rester sur la bonne voie et à éviter la procrastination.
- **Fixez des priorités** : Apprenez à identifier les tâches qui auront le plus grand impact sur votre succès et concentrez-vous sur elles en premier.
- **Apprenez à dire non** : En tant qu'entrepreneur, de nombreuses distractions et opportunités se présenteront à vous. Savoir dire non aux distractions et rester concentré sur ce qui est essentiel est primordial.

1.7. Se Former en Continu

L'entrepreneuriat est un processus d'apprentissage permanent. Le marché change, les attentes des clients évoluent, et vous devez être prêt à **vous former continuellement** pour rester compétitif. Un bon entrepreneur est un apprenant à vie.

- **Lisez régulièrement** des livres sur l'entrepreneuriat, la gestion, et le développement personnel.
- **Suivez des formations en ligne** sur des sujets spécifiques comme le marketing, la gestion financière, ou le développement produit.
- **Apprenez de vos concurrents** : Observez ce qui fonctionne pour d'autres entreprises similaires et tirez des leçons de leur succès et de leurs erreurs.

1.8. Prendre des Décisions Rapides et Calculées

Une mentalité entrepreneuriale forte repose aussi sur la capacité à **prendre des décisions rapidement**. Chaque jour, vous devrez faire face à des choix qui détermineront le succès ou l'échec de votre entreprise. Apprendre à prendre des décisions sans hésiter, mais tout en étant conscient des risques, est une compétence cruciale.

- **Évaluez rapidement les risques** : Prenez l'habitude d'analyser les avantages et inconvénients de chaque situation avant de prendre une décision, mais sans perdre trop de temps.
- **Ne craignez pas les erreurs** : Vous ne pouvez jamais être certain à 100 % de la meilleure option à choisir. Acceptez que certaines décisions seront imparfaites, et apprenez à rectifier le tir lorsque nécessaire.

1.9. Développer une Mentalité de Résolution de Problèmes

L'entrepreneuriat est synonyme de défis. Chaque jour, vous rencontrerez des problèmes à résoudre. Que ce soit des difficultés avec un client, des problèmes financiers ou des retards de production, vous devez apprendre à **aborder chaque problème avec une mentalité de solution**.

Cela signifie :

- **Ne jamais s'attarder sur le problème**, mais plutôt se concentrer immédiatement sur les solutions potentielles.
- **Faire preuve de créativité** : Parfois, la solution à un problème ne sera pas évidente. Vous devrez faire preuve de créativité et penser en dehors des sentiers battus pour trouver une solution innovante.
- **Être flexible** : Si une approche ne fonctionne pas, soyez prêt à essayer autre chose. La flexibilité est l'une des compétences les plus précieuses pour un entrepreneur.

1.10. Maintenir une Vision à Long Terme

Bien que l'entrepreneuriat exige une action immédiate et des décisions rapides, il est essentiel de toujours garder une vision à long terme. Vous devez constamment garder à l'esprit **l'objectif final** de votre entreprise. Pourquoi avez-vous commencé ? Où voulez-vous être dans 5 ans, 10 ans ?

Cette vision à long terme vous aidera à rester concentré et à ne pas vous laisser distraire par des gains immédiats qui pourraient compromettre vos objectifs futurs.

La Mentalité, Votre Premier Investissement

Développer une mentalité d'entrepreneur est la toute première étape, et probablement la plus importante, dans la création d'une entreprise qui vous ressemble. Croire en votre capacité à réussir, accepter les échecs, persévérer, rester proactif et constamment vous former sont les piliers qui vous permettront de transformer vos idées en une entreprise florissante.

Avec une telle mentalité, les obstacles financiers ne seront plus un frein, mais plutôt des défis à surmonter sur votre chemin vers la réussite. Votre mentalité est, en fin de compte, **votre premier et plus grand investissement** dans votre avenir entrepreneurial.

2.Définir Votre Vision et Vos Objectifs

Créer une entreprise qui vous ressemble, qui porte vos valeurs et qui répond à vos aspirations profondes, nécessite une réflexion rigoureuse et personnelle dès le départ. L'une des premières étapes de ce processus est de **définir clairement votre vision et vos objectifs**. Cela ne concerne pas uniquement ce que vous voulez accomplir, mais également **pourquoi** vous voulez le faire, et comment cela s'inscrit dans ce que vous êtes. Ce chapitre est donc consacré à l'importance de cette clarté initiale, ainsi qu'à des méthodes pratiques pour formuler une vision forte et des objectifs cohérents et motivants.

2.1. Comprendre l'Importance d'une Vision

La vision est ce qui guide toutes les actions et décisions que vous prendrez en tant qu'entrepreneur. Elle représente l'essence de votre projet et répond à la question : **"Pourquoi mon entreprise existe-t-elle ?"**. Avoir une vision claire est crucial car elle vous servira de boussole dans les moments de doute, d'échec ou de difficulté.

Une vision bien définie sert plusieurs objectifs :

- **Motivation personnelle** : Lorsque les obstacles surgissent, il est plus facile de continuer si vous savez précisément pourquoi vous avez commencé.
- **Direction pour l'entreprise** : Votre vision vous aide à rester concentré sur ce que vous voulez accomplir, ce qui vous empêche de vous disperser.
- **Inspiration pour les autres** : Une vision forte attire des partenaires, des employés et des clients qui partagent vos valeurs et vos objectifs.

Sans vision, une entreprise peut facilement devenir un projet dénué de sens, purement transactionnel, sans but véritable. Elle pourrait manquer d'âme, et se perdre dans les défis quotidiens ou les opportunités à court terme sans construire quelque chose de durable.

2.2. Déterminer Ce Que Vous Voulez Accomplir

Définir la vision de votre entreprise commence par une réflexion approfondie sur **ce que vous voulez accomplir**. Cette réflexion doit aller au-delà des aspects financiers. Bien sûr, il est important de viser la rentabilité et la croissance, mais une entreprise ne se résume pas à des chiffres. Elle incarne aussi une mission personnelle, une manière de résoudre un problème, de répondre à un besoin ou d'apporter de la valeur dans la vie des autres.

Pour définir ce que vous voulez accomplir, commencez par vous poser les bonnes questions :

- **Quel est l'impact que je veux avoir ?** Votre entreprise vise-t-elle à transformer un secteur, à innover, à rendre la vie plus facile, ou à apporter de la joie ? Comprendre votre impact vous aidera à définir votre raison d'être.
- **Quels besoins ou problèmes vais-je résoudre ?** Les entreprises les plus prospères sont celles qui apportent une réponse à un problème réel rencontré par leurs clients. Identifiez clairement quel problème vous résolvez et comment votre solution se distingue des autres.

- **Quels résultats voulez-vous voir dans le futur ?** Imaginez votre entreprise dans cinq ou dix ans. À quoi ressemble-t-elle ? Qu'avez-vous accompli ? Cette projection future vous aide à formuler votre vision à long terme.

Une fois que vous aurez répondu à ces questions, vous commencerez à clarifier les contours de votre vision. C'est cette vision qui va façonner l'identité de votre entreprise.

2.3. Faire en Sorte que Votre Entreprise Vous Ressemble

Votre entreprise doit être le reflet de **vos valeurs personnelles**, de ce qui vous passionne et vous anime profondément. Elle doit vous ressembler, non seulement pour qu'elle soit authentique, mais aussi pour que vous soyez motivé à la développer sur le long terme.

Voici quelques étapes pour vous aider à aligner votre entreprise sur vos valeurs et vos passions :

- **Identifiez vos passions** : Quelles sont les activités ou les sujets qui vous excitent le plus ? Que pourriez-vous faire, même si vous n'étiez pas payé pour cela ? C'est souvent dans ces passions que se trouve la source d'une entreprise qui vous ressemble.
- **Déterminez vos valeurs clés** : Les valeurs sont les principes qui guideront votre entreprise. Cela peut être l'honnêteté, l'innovation, l'excellence, le respect des clients, etc. Listez vos valeurs les plus importantes et assurez-vous que votre entreprise les incarne.
- **Choisissez un secteur ou une activité qui vous parle** : Travailler dans un domaine qui correspond à vos centres d'intérêt vous aidera à rester engagé et enthousiaste, même dans les moments difficiles.

Créer une entreprise qui vous ressemble est un avantage stratégique. Non seulement vous êtes plus susceptible de réussir si vous êtes passionné par ce que vous faites, mais vous attirerez également des clients et des partenaires qui résonnent avec votre vision et vos valeurs.

2.4. Différencier Votre Entreprise : Ce Que Vous Apportez de Différent

L'une des grandes forces d'une entreprise réside dans sa **proposition de valeur unique**, c'est-à-dire ce qu'elle apporte de différent par rapport à la concurrence. Une fois que vous avez clarifié votre vision, il est temps de réfléchir à ce qui rendra votre entreprise spéciale. Cette différence est cruciale car elle vous permettra de vous démarquer sur un marché souvent saturé.

Quelques questions à considérer pour identifier ce qui vous rend unique :

- **Quelle est votre expertise ou compétence particulière ?** Peut-être avez-vous une expertise technique que vos concurrents n'ont pas, ou bien vous offrez une solution plus innovante ou plus pratique.

- **Comment pouvez-vous offrir une meilleure expérience client ?** Ce ne sont pas seulement les produits ou services que vous vendez qui comptent, mais aussi l'expérience que vos clients vivront en faisant affaire avec vous.
- **Y a-t-il un angle sous-exploité sur votre marché ?** Parfois, la différenciation se trouve dans un segment de marché que les concurrents négligent ou dans une approche différente.

La clé ici est de ne pas essayer de plaire à tout le monde. En vous concentrant sur ce que vous apportez de différent et sur le segment du marché qui valorise cette différence, vous construirez une entreprise avec une base solide de clients fidèles.

2.5. Établir des Objectifs Clairs et Réalistes

Une fois que vous avez une vision claire de ce que vous voulez accomplir et de ce qui différencie votre entreprise, il est essentiel de **définir des objectifs** précis. Les objectifs sont des étapes concrètes qui vous rapprochent de votre vision. Ils doivent être clairs, mesurables et atteignables.

Lorsque vous fixez vos objectifs, gardez à l'esprit les critères SMART :

- **S**pécifique : Chaque objectif doit être défini clairement. Par exemple, au lieu de dire "Je veux augmenter mes ventes", vous pourriez dire "Je veux augmenter mes ventes de 20 % d'ici la fin de l'année".
- **M**esurable : Vous devez pouvoir mesurer vos progrès. Comment saurez-vous si vous avez atteint votre objectif ? Utilisez des indicateurs comme le chiffre d'affaires, le nombre de clients, ou la satisfaction client.
- **A**mbitieux mais atteignable : Vos objectifs doivent être suffisamment ambitieux pour vous motiver, mais atteignables avec les ressources dont vous disposez.
- **R**éaliste : Évitez de vous fixer des objectifs impossibles à atteindre dans votre situation actuelle. Par exemple, si vous commencez sans capital, viser une expansion rapide pourrait ne pas être réaliste.
- **T**emporel : Donnez-vous des délais précis pour chaque objectif. Cela vous aidera à rester concentré et à avancer avec un sens de l'urgence.

En établissant des objectifs SMART, vous créez un plan d'action clair et structuré. Vous savez exactement où vous allez et comment mesurer votre progression.

2.6. Différencier les Objectifs à Court Terme et Long Terme

Il est important de distinguer les **objectifs à court terme** des **objectifs à long terme**. Les objectifs à court terme sont les étapes immédiates que vous devez franchir pour commencer à bâtir votre entreprise. Ils sont souvent plus tactiques et concernent des actions spécifiques comme obtenir vos premiers clients, lancer votre site web ou organiser un événement de promotion.

Les objectifs à long terme sont plus stratégiques et concernent la vision à long terme de votre entreprise. Ils peuvent inclure l'expansion vers de nouveaux marchés, le développement de nouveaux produits, ou l'atteinte d'un certain niveau de chiffre d'affaires.

Pour être efficace, il est essentiel d'établir un **équilibre** entre ces deux types d'objectifs. Les objectifs à court terme vous permettent de progresser rapidement et de rester motivé grâce à des petites victoires, tandis que les objectifs à long terme vous donnent une direction claire et un horizon à atteindre.

2.7. Ajuster Vos Objectifs en Fonction de Vos Ressources

L'une des erreurs courantes chez les entrepreneurs qui commencent sans ressources est de fixer des objectifs **déconnectés de la réalité**. Vous pouvez avoir une vision très ambitieuse, mais si vos moyens sont limités, il est important de **réaliser que vous ne pouvez pas tout faire d'un coup**.

Au lieu de cela, il est crucial d'adapter vos objectifs à ce que vous avez sous la main. Si vous n'avez pas d'argent pour un lancement massif, votre premier objectif pourrait être de tester votre produit ou service sur un marché réduit ou via des canaux gratuits. Si vous manquez de temps, concentrez-vous sur les tâches les plus critiques qui apporteront les résultats les plus significatifs.

Cela ne veut pas dire que vous devez revoir vos ambitions à la baisse, mais simplement que vous devez planifier de manière **stratégique et réaliste**. En étant astucieux et créatif dans l'utilisation de vos ressources, vous pourrez toujours atteindre des objectifs ambitieux, même en partant de zéro.

2.8. Revoir et Ajuster Régulièrement Votre Vision et Vos Objectifs

L'entrepreneuriat est un processus dynamique. Les marchés évoluent, vos clients changent, et votre propre perception de ce que vous voulez accomplir peut également se transformer au fil du temps. C'est pourquoi il est crucial de **réévaluer régulièrement votre vision et vos objectifs** pour vous assurer qu'ils sont toujours en phase avec votre situation actuelle et avec les nouvelles opportunités qui se présentent.

Voici quelques conseils pour ajuster votre vision et vos objectifs en fonction des circonstances :

- **Évaluez vos progrès régulièrement** : Chaque trimestre ou chaque année, faites le point sur vos réussites et vos défis. Qu'avez-vous accompli ? Quels objectifs avez-vous atteints ? Quels ajustements sont nécessaires ?
- **Soyez flexible** : Ne soyez pas rigide dans votre approche. Si une opportunité imprévue se présente ou si vous découvrez que certaines de vos hypothèses étaient fausses, soyez prêt à ajuster votre cap.
- **Apprenez de vos erreurs** : Si certains de vos objectifs ne sont pas atteints, ne vous découragez pas. Analysez les raisons et ajustez vos plans en conséquence.

La clé est de rester **proactif** et d'adapter constamment votre approche en fonction de la réalité du terrain. Cela vous permettra de garder une vision vivante et pertinente, tout en progressant de manière cohérente vers vos objectifs à long terme.

2.9. Communiquer Votre Vision à Votre Équipe et Vos Clients

Enfin, il est crucial que votre vision ne reste pas simplement dans votre tête. Une fois que vous avez défini clairement ce que vous voulez accomplir, vous devez **communiquer cette vision** aux autres. Cela concerne aussi bien vos collaborateurs que vos clients.

Communiquer votre vision à votre équipe permet de :

- **Aligner vos employés** autour d'une mission commune. Lorsque tout le monde comprend et partage la même vision, il est plus facile de travailler ensemble et de maintenir la cohérence dans vos actions.
- **Renforcer l'engagement**. Les employés se sentent plus investis dans une entreprise qui a une mission claire et des objectifs inspirants.

En ce qui concerne vos clients, partager votre vision est un moyen puissant de :

- **Créer une connexion émotionnelle** avec eux. Les clients sont souvent plus enclins à acheter auprès d'entreprises dont ils partagent les valeurs.
- **Différencier votre entreprise** sur le marché. Une vision forte et unique vous démarque de la concurrence et attire des clients fidèles.

Une Vision Solide comme Pilier de Votre Entreprise

Définir votre vision et vos objectifs est une étape fondamentale pour bâtir une entreprise qui vous ressemble. Une vision claire vous donne une direction, vous inspire et vous motive, tout en créant une base solide pour votre stratégie à long terme.

En établissant des objectifs SMART, en vous concentrant sur ce qui vous différencie, et en ajustant constamment votre approche, vous pourrez créer une entreprise qui non seulement réussit financièrement, mais qui incarne également vos valeurs et vos aspirations les plus profondes.

3. Évaluer Vos Compétences et Ressources Actuelles

Lorsqu'on envisage de créer une entreprise à partir de zéro, la première question qui se pose est souvent celle des ressources. Il est naturel de se focaliser sur l'absence de capitaux, mais il est crucial de comprendre que **les ressources ne se limitent pas à l'argent**. Les compétences, le réseau, les connaissances, et les outils accessibles sans investissement financier sont des atouts tout aussi importants qui peuvent grandement contribuer à la réussite d'une entreprise. Avant même de chercher des financements externes ou de planifier des stratégies d'acquisition de fonds, il est impératif de **faire un inventaire exhaustif des ressources dont vous disposez déjà**. Ce chapitre vous aidera à identifier et à maximiser vos ressources personnelles afin de démarrer efficacement, même avec des moyens limités.

3.1. L'Importance de Connaître Ses Compétences

Le succès d'un entrepreneur repose en grande partie sur ses compétences. Ce sont ces compétences qui vous permettront de transformer une idée en réalité, de gérer les aspects clés de votre entreprise, et de naviguer à travers les différents défis auxquels vous serez confronté. **Savoir ce que vous savez faire** est essentiel pour établir les bases de votre entreprise.

3.1.1. Auto-évaluation des Compétences

Avant toute chose, il est crucial de procéder à une **auto-évaluation approfondie de vos compétences**. Cette étape consiste à faire un bilan personnel de ce que vous savez faire, que ce soit grâce à votre parcours professionnel, vos études, vos expériences de vie, ou même vos passions personnelles. Voici quelques types de compétences à évaluer :

- **Compétences techniques** : Cela englobe toutes les compétences liées à un domaine spécifique, comme la programmation informatique, la conception graphique, le marketing digital, ou l'ingénierie. Si vous avez une expertise dans un domaine technique, cela peut vous permettre de lancer une activité sans avoir besoin de payer des experts extérieurs.

- **Compétences en gestion** : La gestion d'une entreprise nécessite des compétences en planification, en organisation, et en prise de décision. Si vous avez déjà eu une expérience de gestion de projet ou de leadership, cela constitue un atout considérable.

- **Compétences relationnelles et en communication** : Un entrepreneur doit savoir communiquer efficacement avec ses clients, ses partenaires, et son équipe. Si vous êtes bon pour négocier, convaincre ou présenter des idées de manière claire, cela vous aidera à bâtir des relations solides dès le départ.

- **Compétences créatives** : La créativité est souvent sous-estimée dans l'entrepreneuriat, mais elle est cruciale pour trouver des solutions innovantes aux problèmes, créer des produits ou services uniques, ou encore concevoir des stratégies marketing attrayantes.

3.1.2. Identifier les Lacunes dans Vos Compétences

Une fois que vous avez identifié vos compétences, il est également important de reconnaître **les domaines dans lesquels vous manquez d'expertise**. Cela vous permettra d'identifier les secteurs où vous devrez soit acquérir des compétences, soit trouver des partenaires ou des collaborateurs qui compléteront vos capacités. Par exemple, si vous avez d'excellentes compétences techniques mais que vous manquez de compétences en vente, il sera important de trouver un moyen de combler cette lacune, que ce soit par une formation ou en recrutant une personne compétente dans ce domaine.

3.2. Tirer Parti de Votre Réseau

Lorsque l'on parle de ressources, **votre réseau** est souvent l'une des plus précieuses. Que vous soyez conscient ou non, vous avez probablement accès à un réseau de personnes qui peuvent vous aider dans votre parcours entrepreneurial, que ce soit en vous offrant des conseils, des contacts, ou même des opportunités de collaboration.

3.2.1. Faire un Inventaire de Votre Réseau Actuel

Prenez le temps de **cartographier votre réseau**. Cela peut inclure des membres de votre famille, des amis, des anciens collègues, des mentors, ou même des connaissances éloignées avec qui vous avez établi des liens à travers vos différentes expériences professionnelles et personnelles. Évaluez dans quelle mesure chacun d'entre eux pourrait vous aider dans le cadre de votre entreprise :

- **Mentors et conseillers** : Si vous avez dans votre entourage des personnes ayant déjà une expérience entrepreneuriale, ce sont des ressources inestimables pour obtenir des conseils stratégiques ou des retours sur vos idées.

- **Partenaires potentiels** : Certains membres de votre réseau pourraient avoir des compétences complémentaires aux vôtres et être intéressés par une collaboration. Par exemple, si vous êtes spécialisé dans le développement de produits mais que vous manquez de compétences en marketing, il se peut qu'un ami de votre réseau ait une expertise dans ce domaine.

- **Clients et prospects** : Vos premiers clients pourraient également provenir de votre réseau. Parlez de votre projet à vos contacts et n'hésitez pas à solliciter leur avis. Vous pourriez obtenir des retours précieux ou même décrocher vos premières ventes simplement en partageant votre projet avec des personnes de confiance.

3.2.2. Élargir Votre Réseau

Si vous estimez que votre réseau actuel est limité, il est essentiel de **travailler à l'élargir**. Voici quelques stratégies pour renforcer et agrandir votre réseau :

- **Participer à des événements professionnels** : Assistez à des conférences, des salons professionnels, des ateliers ou des événements de réseautage dans votre secteur. Ces événements sont une excellente occasion de rencontrer des personnes influentes dans votre domaine et de créer des liens qui pourront vous être utiles à l'avenir.

- **Utiliser les réseaux sociaux professionnels** : Plateformes comme LinkedIn, Meetup, ou même Twitter peuvent être utilisées pour entrer en contact avec des personnes influentes dans votre secteur d'activité, échanger des idées, ou même trouver des mentors.

- **Rejoindre des groupes d'entrepreneurs ou des incubateurs** : Ces groupes offrent non seulement des ressources pratiques, mais également une communauté de personnes qui partagent vos objectifs et peuvent vous offrir du soutien moral, des idées, et des contacts.

3.3. Capitaliser sur Vos Connaissances et Expériences

Vos connaissances et vos **expériences passées** sont également des ressources à part entière. Même si vous ne disposez pas de fonds, vous pouvez tirer parti de tout ce que vous avez appris et vécu pour réussir dans l'entrepreneuriat.

3.3.1. Faire le Bilan de Vos Expériences

Réfléchissez à toutes les expériences professionnelles et personnelles que vous avez accumulées au fil des ans. Chaque emploi, chaque projet, chaque défi que vous avez relevé a enrichi votre réservoir de connaissances et vous a donné des compétences précieuses. Voici quelques questions à vous poser :

- **Quelles expériences professionnelles vous ont le plus appris ?** Que ce soit dans un emploi salarié ou dans des projets indépendants, vous avez probablement acquis des compétences en gestion de projet, en service client, en communication, ou dans des domaines plus techniques.

- **Quels défis avez-vous surmontés ?** Chaque fois que vous avez surmonté un obstacle, vous avez appris quelque chose. Ces expériences vous préparent à affronter les défis inhérents à la création d'une entreprise.

- **Quelles sont vos connaissances spécialisées ?** Si vous avez étudié un domaine particulier ou travaillé dans un secteur précis, vous disposez peut-être d'une expertise unique que vous pouvez monétiser. Par exemple, si vous avez une expérience approfondie en finance, cela pourrait vous aider à offrir des services de conseil ou à gérer les aspects financiers de votre propre entreprise avec plus d'assurance.

3.3.2. Monétiser Vos Connaissances

Une autre façon de tirer parti de vos connaissances actuelles est de **monétiser ce que vous savez déjà**. Si vous possédez une expertise dans un domaine spécifique, vous pourriez envisager de vendre vos connaissances sous diverses formes :

- **Formation en ligne ou coaching** : Si vous êtes expert dans un domaine particulier, il existe une demande croissante pour des formations en ligne et du coaching personnalisé. Vous pourriez lancer des cours sur des plateformes comme Udemy ou proposer des séances de coaching sur un sujet spécifique.

- **Consulting** : Offrir vos services en tant que consultant est un excellent moyen de générer des revenus tout en tirant parti de vos connaissances. De nombreuses entreprises ont besoin de conseils spécialisés et sont prêtes à payer pour des experts externes qui peuvent les aider à résoudre des problèmes spécifiques.

- **Création de contenu** : Si vous êtes à l'aise avec l'écriture ou la création de vidéos, vous pouvez partager vos connaissances via des blogs, des podcasts, ou des vidéos YouTube. En créant un contenu de qualité, vous pouvez non seulement renforcer votre réputation dans un domaine, mais aussi générer des revenus grâce à la publicité, aux partenariats, ou à la vente de produits dérivés.

3.4. Maximiser l'Utilisation des Outils Gratuits ou Peu Coûteux

Dans le monde actuel, il existe une **multitude d'outils gratuits ou peu coûteux** qui peuvent faciliter la gestion, le développement et la promotion de votre entreprise sans nécessiter un investissement financier important. Maximiser l'utilisation de ces outils est une stratégie efficace pour faire avancer votre projet avec des ressources limitées.

3.4.1. Outils de Productivité

Des outils comme **Trello**, **Asana**, ou **Notion** sont disponibles gratuitement et vous permettent de gérer efficacement vos tâches, vos projets, et votre équipe. Vous pouvez ainsi organiser vos idées, planifier vos actions, et suivre l'avancement de vos projets sans avoir à investir dans des logiciels coûteux.

3.4.2. Outils de Communication

Que ce soit pour communiquer avec votre équipe, vos partenaires ou vos clients, vous pouvez utiliser des solutions gratuites comme **Zoom**, **Slack**, ou **Google Meet** pour organiser des réunions en ligne, des discussions de groupe ou des appels vidéo.

3.4.3. Outils Marketing

Le marketing est un aspect crucial de toute entreprise, et il existe plusieurs outils gratuits pour vous aider à promouvoir votre projet sans dépenser beaucoup d'argent. Voici quelques exemples :

- **Canva** : Canva est un outil de design gratuit qui vous permet de créer des visuels professionnels pour vos réseaux sociaux, votre site web, ou vos brochures, sans avoir besoin de compétences en design graphique.

- **Mailchimp** : Mailchimp propose une version gratuite qui vous permet de gérer vos campagnes d'email marketing et d'envoyer des newsletters à vos clients ou prospects.

- **Google Analytics** : Ce service gratuit vous permet d'analyser le trafic de votre site web et de comprendre comment les visiteurs interagissent avec votre contenu. Cela vous aide à optimiser votre stratégie marketing en fonction des données.

- **SEO et blogs** : Si vous avez un site web, la création d'un blog optimisé pour le SEO (Search Engine Optimization) est une excellente façon d'attirer des visiteurs de manière organique. Des outils gratuits comme **Google Search Console** ou **Ubersuggest** vous aideront à identifier les mots-clés pertinents et à améliorer le référencement de votre site.

3.5. Tirer Parti des Ressources Communautaires

Il existe également des **ressources communautaires** auxquelles vous pouvez accéder gratuitement ou à faible coût, comme des espaces de coworking, des programmes d'incubation, ou des associations d'entrepreneurs. Ces ressources peuvent vous offrir non seulement des services pratiques, mais aussi des opportunités de réseautage et de mentorat.

3.5.1. Programmes d'Incubation et d'Accélération

Les incubateurs et accélérateurs offrent souvent des espaces de travail gratuits ou subventionnés, ainsi que des conseils, des formations et des opportunités de financement pour les entrepreneurs débutants. Rejoindre un programme d'incubation peut vous aider à bénéficier de ressources que vous n'auriez pas pu vous permettre autrement.

3.5.2. Associations d'Entrepreneurs

De nombreuses associations locales, nationales ou internationales offrent des ressources gratuites aux entrepreneurs, notamment des ateliers, des événements de réseautage, et des conseils juridiques ou financiers.

3.5.3. Espaces de Coworking Gratuits ou Subventionnés

Certains espaces de coworking proposent des offres gratuites ou à tarifs réduits pour les entrepreneurs débutants. Cela peut être un excellent moyen d'accéder à un environnement de travail professionnel sans supporter les coûts élevés d'un bureau traditionnel.

Maximiser Vos Ressources Actuelles pour Réussir

En tant qu'entrepreneur, **vos compétences, votre réseau, vos connaissances**, et les **outils accessibles** sont vos ressources les plus précieuses. Même si vous n'avez pas de fonds au départ, vous pouvez bâtir les fondations de votre entreprise en tirant pleinement parti de ces atouts. En évaluant vos compétences, en capitalisant sur votre réseau, en monétisant vos connaissances, et en utilisant des outils gratuits, vous pouvez non seulement commencer à avancer, mais aussi poser les bases d'une entreprise solide et durable.

N'oubliez pas que la créativité, la flexibilité, et la capacité à maximiser ce que vous avez sous la main sont des qualités essentielles pour tout entrepreneur qui commence à zéro. Votre réussite repose en grande partie sur votre capacité à utiliser intelligemment ce que vous avez déjà à disposition, sans attendre d'avoir un budget conséquent.

4. Trouver l'Idée d'Entreprise

L'une des étapes les plus importantes et excitantes dans la création d'une entreprise est de **trouver une idée d'entreprise** qui vous passionne et qui répond à un besoin réel sur le marché. Cependant, cette étape peut aussi être intimidante, car il s'agit de poser les fondations sur lesquelles votre entreprise sera bâtie. Que vous souhaitiez créer une petite entreprise locale ou une startup ambitieuse, il est essentiel de choisir une idée qui combine vos **compétences, vos passions, et une réelle opportunité sur le marché**.

Ce chapitre vous guidera à travers le processus de découverte et de validation d'une idée d'entreprise, avec des stratégies pratiques pour vous aider à identifier un besoin ou un problème à résoudre, et à comprendre comment vos compétences uniques peuvent combler cette lacune sur le marché.

4.1. Pourquoi L'Idée d'Entreprise Est-elle Cruciale ?

Votre idée d'entreprise est le **point de départ** de tout. C'est autour de cette idée que se formera la vision de votre entreprise, ses produits ou services, son public cible, et sa proposition de valeur. Une idée solide et bien définie vous permettra de :

- **Rester motivé** sur le long terme. Si votre idée vous passionne, il sera plus facile de surmonter les obstacles et de rester engagé dans la durée.
- **Attirer des clients**. Une idée bien pensée répond à un problème ou un besoin spécifique, ce qui la rend plus attrayante pour votre public cible.
- **Construire une entreprise durable**. Une bonne idée doit pouvoir évoluer et s'adapter aux changements du marché tout en restant pertinente.

Mais comment trouver cette idée ? Comment s'assurer qu'elle a le potentiel de devenir une entreprise viable ?

4.2. Identifier vos Passions et Compétences

Le point de départ pour toute réflexion sur une idée d'entreprise devrait être **vos passions et compétences personnelles**. Pourquoi ? Parce que les entreprises qui réussissent le mieux sont souvent celles qui sont dirigées par des entrepreneurs passionnés par ce qu'ils font et compétents dans leur domaine.

4.2.1. Faire le point sur vos passions

Commencez par lister toutes les choses qui vous passionnent, que ce soit des activités, des industries, ou des causes qui vous tiennent à cœur. Votre passion pourrait être liée à un domaine créatif, technique, social, ou même personnel. L'important est de trouver des idées qui **vous excitent et vous motivent**.

Voici quelques exemples de questions à vous poser :

- **Quelles sont les activités que j'aime faire, même pendant mon temps libre ?**
- **Quels sujets m'intéressent au point de vouloir en apprendre davantage ?**
- **Qu'est-ce qui me fait sentir énergisé, créatif, ou engagé ?**

En identifiant vos passions, vous vous assurez de choisir une idée qui vous portera, même lorsque les défis entrepreneuriaux se présenteront.

4.2.2. Faire un inventaire de vos compétences

Après avoir identifié vos passions, évaluez vos **compétences**. Cela inclut à la fois les compétences techniques (comme la programmation, le design graphique, le marketing) et les compétences relationnelles (comme la négociation, la gestion d'équipe, la communication). Ces compétences représentent votre **avantage compétitif** : elles vous permettront de proposer une solution unique ou de mieux servir votre public cible.

Faites la liste des compétences que vous maîtrisez et réfléchissez à la manière dont elles peuvent être utilisées pour créer de la valeur. Si vous avez des compétences dans un domaine où vous êtes également passionné, cela peut indiquer une piste forte pour une idée d'entreprise.

Exemple de compétences que vous pourriez exploiter :

- **Compétences en marketing digital** : Vous pourriez offrir des services de marketing en ligne aux petites entreprises qui n'ont pas les ressources pour embaucher une grande agence.
- **Compétences techniques** : Si vous êtes développeur web, vous pouvez aider des entreprises locales à créer leurs sites internet ou à développer des applications spécifiques à leurs besoins.
- **Compétences créatives** : Si vous avez des compétences en photographie, illustration ou design, cela peut mener à des opportunités dans le domaine du graphisme, de la mode ou des produits personnalisés.

4.3. Identifier un Problème à Résoudre

Toute entreprise prospère commence par résoudre un **problème spécifique**. Les clients achètent des produits ou des services parce qu'ils ont un besoin à satisfaire ou un problème à régler. C'est pourquoi une bonne idée d'entreprise doit être **centrée sur une solution** à un problème réel.

4.3.1. Observer votre environnement

Une façon simple d'identifier un problème à résoudre est de prêter attention à votre environnement quotidien. Quels sont les **problèmes courants** que vous observez autour de vous ? Cela peut être quelque chose que vous avez personnellement rencontré, ou quelque chose que vous avez remarqué chez d'autres.

- **Quelles frustrations les gens expriment-ils souvent ?**
- **Y a-t-il des domaines où les produits ou services actuels ne répondent pas aux attentes ?**
- **Y a-t-il des processus qui peuvent être simplifiés ou automatisés ?**

Prenez des notes sur les petits ou grands problèmes que vous remarquez dans votre vie quotidienne, au travail ou dans vos interactions sociales. Souvent, les meilleures idées d'entreprise naissent de la simple observation des **irritations** que les gens rencontrent régulièrement.

4.3.2. Parler aux gens

Une autre méthode efficace pour identifier des problèmes est de **parler directement aux gens**. Discutez avec votre entourage, vos collègues, vos amis, ou même des inconnus pour comprendre les défis auxquels ils sont confrontés. Posez des questions ouvertes pour laisser les gens s'exprimer librement sur leurs problèmes et frustrations.

Exemples de questions à poser :

- **Quelles sont les tâches quotidiennes que vous trouvez difficiles ou fastidieuses ?**
- **Quels services ou produits actuels ne répondent pas entièrement à vos besoins ?**
- **Quels changements aimeriez-vous voir dans votre secteur d'activité ou dans votre vie personnelle ?**

Ces conversations peuvent révéler des **insights** précieux sur des problèmes récurrents qui ne sont pas encore correctement résolus par les produits ou services existants.

4.3.3. Utiliser vos propres expériences

Souvent, les idées d'entreprise les plus puissantes viennent de **vos propres expériences personnelles**. Si vous avez rencontré un problème spécifique et que vous avez eu du mal à trouver une solution adéquate, cela pourrait être le point de départ pour une entreprise.

Par exemple, si vous avez eu des difficultés à trouver un produit spécifique ou si vous avez découvert que les solutions actuelles ne répondaient pas à vos attentes, vous pourriez créer une entreprise pour combler ce vide.

Exemples :

- Un entrepreneur qui ne trouvait pas de solution de livraison adaptée pour son commerce en ligne a décidé de créer une plateforme logistique plus flexible pour les petites entreprises.
- Un passionné de fitness qui ne trouvait pas de programme adapté à ses besoins spécifiques a développé une application de fitness sur mesure.

En utilisant vos propres **problèmes** comme point de départ, vous avez déjà un avantage : vous comprenez intimement le besoin ou la frustration que vous essayez de résoudre.

4.4. Explorer les Opportunités sur le Marché

Une fois que vous avez identifié des problèmes potentiels à résoudre, il est important de valider ces idées en les confrontant au **marché réel**. Vous devez vous assurer que votre idée correspond à un besoin suffisamment important pour attirer des clients.

4.4.1. Étude de marché rapide

L'étude de marché est une étape essentielle pour déterminer si votre idée est viable. Cela peut être aussi simple que de **rechercher en ligne** des tendances de consommation ou des articles sur les évolutions de votre secteur.

Vous pouvez également explorer les **forums, réseaux sociaux**, et les **commentaires de clients** pour découvrir ce que les gens disent des produits ou services existants. Les critiques, les suggestions d'amélioration, et les discussions sur les lacunes actuelles peuvent vous donner des indices sur la manière d'améliorer une offre ou de créer quelque chose de nouveau.

Exemples d'endroits où effectuer une recherche rapide :

- **Google Trends** : Pour voir les tendances de recherche et comprendre ce que les gens recherchent en ligne.
- **Reddit, Quora, ou les forums spécialisés** : Pour voir ce que les gens discutent dans des communautés centrées sur votre secteur.
- **Avis et commentaires sur Amazon ou d'autres plateformes** : Pour analyser les retours d'utilisateurs sur des produits existants et identifier des points d'amélioration.

4.4.2. Valider votre idée avec des sondages ou interviews

Une autre manière efficace d'explorer les opportunités du marché

est de **valider votre idée** directement auprès des personnes concernées. Cela peut se faire en utilisant des sondages en ligne, des interviews, ou des groupes de discussion pour recueillir des avis et des retours sur votre idée d'entreprise. L'objectif est de vérifier si le problème que vous avez identifié est ressenti par d'autres et s'ils seraient prêts à payer pour une solution.

Voici comment procéder :

1. **Créer un sondage** : Utilisez des outils comme Google Forms, SurveyMonkey, ou Typeform pour poser des questions pertinentes à votre public cible. Assurez-vous que vos questions sont simples et directes, et qu'elles vous aident à comprendre leurs besoins et attentes. Par exemple :
   - "Avez-vous déjà rencontré ce problème spécifique ?"
   - "Quelle solution utilisez-vous actuellement et qu'est-ce qui vous frustre avec celle-ci ?"
   - "Seriez-vous prêt à essayer une nouvelle solution si elle répondait mieux à vos attentes ?"
2. **Organiser des interviews** : Si vous avez accès à des personnes qui correspondent à votre public cible, demandez-leur une interview informelle. Ces conversations permettent d'aller plus en profondeur que les sondages. Vous pouvez explorer les frustrations, les besoins, et même les attentes futures des clients potentiels.

3. **Analyser les réponses** : Une fois que vous avez recueilli suffisamment de réponses, analysez-les pour détecter des tendances communes. Si un grand nombre de personnes expriment le même besoin ou la même frustration, cela peut indiquer une opportunité forte pour votre idée d'entreprise.

4.4.3. Étudier la concurrence

Une autre étape clé dans l'exploration des opportunités du marché est l'**analyse de la concurrence**. Peu importe à quel point votre idée semble nouvelle, il est très probable que d'autres entreprises proposent déjà des solutions similaires. Plutôt que de vous décourager, considérez cela comme un signe qu'il existe effectivement une demande. Votre objectif est de trouver des **failles** ou des **lacunes** dans ce que proposent vos concurrents pour vous différencier.

Voici comment procéder à une analyse concurrentielle :

1. **Lister vos concurrents** : Recherchez les entreprises qui offrent des solutions similaires à votre idée. Cela peut inclure des concurrents directs (qui résolvent le même problème avec un produit ou service identique) et des concurrents indirects (qui résolvent le problème avec une approche différente).

2. **Analyser leurs offres** : Passez en revue les produits ou services qu'ils proposent. Examinez leurs forces et leurs faiblesses, les points de satisfaction ou d'insatisfaction des clients, ainsi que leurs prix. Posez-vous les questions suivantes :
   - "Quelles sont les forces de cette entreprise ?"
   - "Quels besoins ne sont pas comblés par cette offre ?"
   - "Que puis-je proposer de différent ou de mieux ?"

3. **Définir votre différenciation** : Après avoir étudié la concurrence, réfléchissez à la manière dont vous pouvez vous **distinguer**. Cela peut inclure un prix plus compétitif, une qualité supérieure, une expérience client améliorée, ou une innovation dans la livraison ou le service après-vente.

4.5. Tester et Affiner Votre Idée

Une fois que vous avez trouvé une idée prometteuse qui correspond à vos compétences, passions, et aux besoins du marché, il est temps de la **tester**. L'objectif ici est de voir si elle peut réellement fonctionner avant de vous engager pleinement.

4.5.1. Créer un prototype ou un produit minimum viable (MVP)

Le concept du **produit minimum viable (MVP)** consiste à créer une version simplifiée de votre produit ou service pour tester l'intérêt du marché. Cela vous permet de valider rapidement votre idée sans investir trop de temps ou d'argent dans une version complète.

Exemple :

- Si vous envisagez de lancer une entreprise de vêtements, vous pourriez commencer par créer quelques prototypes de vos modèles les plus simples et les vendre à petite échelle pour évaluer la demande.

- Si vous développez une application, vous pourriez lancer une version basique qui inclut uniquement les fonctionnalités principales et voir comment les utilisateurs réagissent.

L'objectif du MVP est de **réduire le risque** en validant votre idée avant de vous lancer à grande échelle.

4.5.2. Obtenir des retours sur votre MVP

Une fois que vous avez lancé votre MVP, il est essentiel d'obtenir des **retours** de vos premiers clients ou utilisateurs. Ces retours vous aideront à identifier ce qui fonctionne et ce qui doit être amélioré. Voici quelques manières de collecter des avis :

1. **Demander des retours directs** : Contactez vos premiers clients pour leur demander ce qu'ils ont aimé et ce qu'ils aimeraient voir amélioré dans votre produit ou service.

2. **Analyser les comportements** : Si vous proposez un service en ligne ou une application, utilisez des outils d'analyse pour voir comment les utilisateurs interagissent avec votre produit. Quelles fonctionnalités utilisent-ils le plus ? Où rencontrent-ils des difficultés ?

3. **Itérer rapidement** : Sur la base des retours, apportez des améliorations à votre produit ou service. L'un des avantages du MVP est que vous pouvez ajuster votre offre rapidement sans avoir à refaire tout le produit.

4.5.3. Valider la demande

En parallèle du développement de votre MVP, vous pouvez aussi valider la demande en pré-vendant votre produit ou service. Cela signifie que vous proposez votre solution à des clients avant même qu'elle ne soit totalement développée, pour évaluer l'intérêt et l'engagement.

Quelques méthodes pour valider la demande :

- **Campagne de prévente** : Utilisez des plateformes de crowdfunding comme Kickstarter ou Ulule pour présenter votre idée au public et voir combien de personnes sont prêtes à payer pour cela avant qu'elle ne soit disponible.

- **Offre d'achat anticipé** : Proposez une offre spéciale pour les personnes qui souhaitent acheter votre produit ou service en avant-première. Cela vous permet non seulement de tester l'intérêt, mais aussi de générer des fonds pour le développement.

4.6. Affiner et Améliorer Votre Idée

Même après avoir validé votre idée d'entreprise, il est essentiel de continuer à l'affiner. Le marché, les besoins des clients, et la concurrence évoluent, et vous devrez rester agile pour vous adapter à ces changements.

4.6.1. Être à l'écoute des tendances du marché

Les tendances du marché changent constamment, et il est crucial d'être à l'écoute pour adapter votre produit ou service. Les évolutions technologiques, les changements sociétaux, ou même les nouvelles réglementations peuvent affecter la manière dont les clients interagissent avec votre entreprise. En vous tenant informé des **nouvelles tendances**, vous pouvez vous assurer que votre idée reste pertinente.

4.6.2. Améliorer en continu votre offre

L'une des clés du succès à long terme est la **mise à jour et l'amélioration constante** de votre produit ou service. Écoutez toujours les retours de vos clients et recherchez des façons d'innover ou d'améliorer l'expérience. Cela peut inclure l'ajout de nouvelles fonctionnalités, l'amélioration du service client, ou l'optimisation de la chaîne logistique.

4.6.3. Rester ouvert à de nouvelles idées

Enfin, gardez toujours un esprit ouvert à de nouvelles opportunités. Il se peut qu'en cours de route, vous découvriez des besoins ou des marchés que vous n'aviez pas envisagés au départ. Rester **flexible** et prêt à explorer de nouvelles directions est essentiel pour garantir la croissance continue de votre entreprise.

Trouver une Idée qui Vous Ressemble

Trouver une idée d'entreprise est souvent l'étape la plus délicate et la plus cruciale du processus entrepreneurial. Cette idée doit être en phase avec **vos compétences et vos passions**, tout en répondant à un **besoin réel** sur le marché. En observant attentivement votre environnement, en étudiant les tendances, et en validant rapidement votre concept à travers des tests, vous pouvez transformer une simple idée en une entreprise solide et durable.

En fin de compte, l'idée d'entreprise idéale est celle qui non seulement **résout un problème important**, mais qui vous **passionne profondément**. Avec cette combinaison, vous serez prêt à surmonter les défis de l'entrepreneuriat et à créer quelque chose qui vous ressemble et qui a un impact sur le monde.

5.Valider Votre Idée sur le Terrain

Avoir une bonne idée d'entreprise est un excellent point de départ, mais ce n'est que la première étape. Une idée, aussi brillante soit-elle, ne garantit pas automatiquement le succès. **La validation de votre idée** est une étape cruciale dans le processus entrepreneurial. Il s'agit de confronter votre idée à la réalité du marché pour déterminer si elle peut effectivement répondre à un besoin, attirer des clients et générer des revenus.

Dans ce chapitre, nous allons examiner pourquoi et comment valider une idée sur le terrain, en testant votre concept directement auprès des clients potentiels. Ce processus vous permettra non seulement de confirmer la viabilité de votre idée, mais aussi de l'améliorer avant de vous lancer à grande échelle.

5.1. Pourquoi Valider une Idée d'Entreprise est Crucial ?

La validation d'une idée d'entreprise consiste à **vérifier qu'il existe une réelle demande** pour le produit ou service que vous envisagez de proposer. Trop souvent, des entrepreneurs se lancent en se basant uniquement sur leurs hypothèses, sans tester leur concept auprès de vrais clients. Cela peut entraîner des investissements importants dans des produits ou services qui ne trouvent finalement pas preneur.

Voici les raisons pour lesquelles la validation est essentielle :

- **Réduire le risque d'échec** : Valider une idée vous permet de confirmer qu'il y a un marché pour ce que vous proposez avant de dépenser des ressources importantes en temps et en argent.
- **Comprendre les attentes des clients** : En testant votre idée, vous pourrez comprendre les besoins spécifiques de vos clients potentiels et ajuster votre offre en fonction de leurs attentes.
- **Optimiser votre produit ou service** : La validation permet d'obtenir des retours précoces sur votre produit ou service. Cela vous donne l'occasion de l'améliorer avant son lancement officiel, ce qui augmente vos chances de succès.
- **Éviter les investissements inutiles** : Investir dans un produit qui n'a pas été validé peut être coûteux. En validant votre idée, vous pouvez économiser des ressources en ne développant que ce qui est nécessaire.

5.2. Les Différentes Méthodes de Validation d'une Idée

Il existe plusieurs méthodes pour valider une idée d'entreprise sur le terrain. Ces méthodes peuvent être plus ou moins simples, mais l'objectif reste le même : **obtenir des retours concrets** de votre public cible. Voici les méthodes les plus courantes pour valider une idée.

5.2.1. Les Entretiens avec des Clients Potentiels

Les entretiens individuels sont une méthode directe et efficace pour comprendre les besoins de vos clients potentiels. Vous pouvez discuter en face à face ou par téléphone avec des personnes qui représentent votre marché cible. L'objectif est de recueillir leurs impressions sur votre idée, leurs besoins actuels et les solutions qu'ils utilisent.

Pour mener un entretien efficace, suivez ces étapes :

1. **Identifier votre audience** : Trouvez des personnes qui pourraient être intéressées par votre produit ou service. Il peut s'agir de votre réseau personnel, professionnel ou de personnes rencontrées via des forums ou des réseaux sociaux.

2. **Préparer des questions pertinentes** : Il est essentiel de préparer à l'avance des questions ouvertes qui incitent les participants à partager leurs expériences et leurs opinions. Voici quelques exemples de questions :

   - "Quels sont vos principaux défis concernant [le problème que votre idée résout] ?"
   - "Quelles solutions utilisez-vous actuellement pour résoudre ce problème ?"
   - "Seriez-vous intéressé par une nouvelle solution si elle répondait mieux à vos besoins ?"

3. **Analyser les réponses** : Une fois les entretiens réalisés, regroupez les réponses et cherchez des **tendances** ou des **modèles récurrents**. Si plusieurs personnes expriment les mêmes besoins ou frustrations, cela peut confirmer qu'il existe un problème à résoudre et un marché pour votre solution.

5.2.2. Lancer un Produit Minimum Viable (MVP)

Le concept de **produit minimum viable (MVP)** consiste à créer une version simplifiée de votre produit ou service, comportant les fonctionnalités essentielles, pour le tester auprès de vos clients potentiels. Cette approche vous permet de valider votre idée sans investir trop de temps ou d'argent dans le développement d'un produit complet.

Voici comment lancer un MVP :

1. **Définir les fonctionnalités essentielles** : Concentrez-vous sur les fonctionnalités qui répondent au besoin principal de vos clients. Évitez d'ajouter des éléments secondaires ou des options complexes.

2. **Créer une version simplifiée** : En fonction de votre idée, un MVP peut être une version basique de votre produit, un service à petite échelle ou même une simple présentation de ce que vous proposez.

3. **Tester le MVP avec des utilisateurs réels** : Proposez votre MVP à un groupe restreint de clients potentiels et recueillez leurs retours. Cette phase vous permettra de voir si votre solution répond à leurs attentes.

4. **Améliorer le produit** : Sur la base des retours, ajustez et améliorez votre MVP avant de le lancer à plus grande échelle. Vous éviterez ainsi de commettre des erreurs coûteuses lors du lancement final.

5.2.3. Utiliser des Sondages et Questionnaires

Les **sondages et questionnaires** sont des outils simples mais efficaces pour obtenir des avis de la part d'un grand nombre de personnes. Ils permettent de valider rapidement une idée en recueillant des données quantitatives auprès de votre public cible.

Voici comment utiliser des sondages pour valider votre idée :

1. **Choisir un outil de sondage** : Utilisez des outils gratuits comme Google Forms, Typeform, ou SurveyMonkey pour créer et diffuser vos sondages.

2. **Poser des questions claires** : Formulez des questions claires et directes qui vous aideront à mieux comprendre les besoins de vos clients potentiels. Par exemple :
   - "Avez-vous déjà utilisé un produit similaire à celui que nous proposons ?"
   - "Quelle fonctionnalité trouvez-vous la plus importante ?"

3. **Diffuser votre sondage** : Partagez votre sondage auprès de votre réseau, sur des forums en ligne, ou sur les réseaux sociaux. Essayez d'obtenir un nombre significatif de réponses pour que les résultats soient représentatifs.

4. **Analyser les résultats** : Une fois que vous avez recueilli suffisamment de réponses, analysez les résultats pour identifier les besoins récurrents, les attentes et les intérêts de votre marché cible.

5.2.4. Lancer une Page de Précommande

Une autre méthode de validation efficace consiste à créer une **page de précommande** pour tester l'intérêt de vos clients avant même que le produit ne soit disponible. Vous pouvez créer une landing page qui présente votre produit ou service et permettre aux utilisateurs de précommander ou de s'inscrire pour être informés lors du lancement.

Voici les étapes pour lancer une page de précommande :

1. **Créer une landing page** : Utilisez des outils comme WordPress, Wix ou Leadpages pour créer une page simple qui présente votre produit, ses avantages et la manière dont il résout un problème.

2. **Offrir un incentive pour les précommandes** : Pour inciter les utilisateurs à s'inscrire ou à précommander, vous pouvez proposer une réduction, un bonus exclusif, ou un accès anticipé au produit.

3. **Promouvoir la page** : Utilisez les réseaux sociaux, les annonces en ligne ou votre propre réseau pour diriger du trafic vers votre page. Analysez combien de personnes sont prêtes à s'engager, ce qui vous permettra de mesurer l'intérêt pour votre idée.

4. **Mesurer les résultats** : Si un nombre significatif de personnes s'inscrit ou précommande, cela peut indiquer que votre idée a un potentiel sur le marché. En revanche, si l'intérêt est faible, vous devrez peut-être ajuster votre offre ou repenser certains aspects de votre produit.

5.2.5. Participer à des Groupes de Discussion ou Focus Groups

Les **groupes de discussion**, également appelés **focus groups**, sont une méthode qualitative de validation d'une idée. Ils consistent à réunir un petit groupe de personnes pour discuter de votre produit ou service, et recueillir leurs opinions et impressions en direct. Cette méthode vous permet de **comprendre en profondeur** les besoins et les attentes des clients potentiels.

Comment organiser un groupe de discussion :

1. **Recruter des participants** : Recrutez des personnes qui correspondent à votre public cible. Il peut s'agir de clients potentiels ou de personnes qui ont un intérêt dans votre secteur.

2. **Préparer les sujets de discussion** : Préparez à l'avance les sujets que vous souhaitez aborder. Cela peut inclure des questions sur leurs besoins, les produits ou services qu'ils utilisent actuellement, et leur intérêt pour votre idée.

3. **Recueillir des retours** : L'objectif du groupe de discussion est de susciter une conversation ouverte. Encouragez les participants à donner leur avis honnête et à discuter entre eux des points positifs et négatifs de votre concept.

4. **Analyser les retours** : Après la séance, analysez les retours pour identifier les thèmes récurrents et les points à améliorer. Les discussions peuvent souvent révéler des aspects auxquels vous n'aviez pas pensé.

5.3. Identifier et Comprendre Votre Client Idéal

L'une des étapes cruciales dans le processus de validation est de **définir et comprendre qui est votre client idéal**. Chaque produit ou service a un public cible spécifique, et pour réussir, il est essentiel de savoir **qui sont ces personnes**.

5.3.1. Créer des personas

Un **persona** est une représentation semi-fictive de votre client idéal, basée sur des données réelles et des hypothèses bien fondées. Créer des personas vous aide à personnaliser vos offres, votre marketing, et à mieux cibler vos efforts.

Pour créer un persona, répondez aux questions suivantes :

- **Données démographiques** : Quel âge a votre client idéal ? Où vit-il ? Quel est son niveau d'éducation ou son revenu ?
- **Comportement et habitudes** : Quels sont ses centres d'intérêt ? Où passe-t-il son temps en ligne ? Quels produits ou services utilise-t-il déjà ?
- **Problèmes et besoins** : Quels sont ses principaux défis ou problèmes liés à votre produit ou service ?
- **Objectifs** : Qu'attend-il de votre produit ? Que cherche-t-il à accomplir ou à améliorer dans sa vie ?

5.3.2. Observer et interagir avec votre audience cible

Pour mieux comprendre votre audience, il est utile de l'**observer en action**. Cela peut se faire en ligne, en rejoignant des groupes de discussion sur les réseaux sociaux, des forums, ou des communautés centrées autour du problème que vous résolvez.

Interagissez avec eux, posez des questions, et écoutez attentivement ce qu'ils disent. Cela vous donnera des indications précieuses sur leurs besoins, frustrations, et attentes.

5.4. Ajuster Votre Idée en Fonction des Retours

La validation de votre idée sur le terrain ne s'arrête pas à l'obtention de retours. Ce qui compte vraiment, c'est la manière dont vous utilisez ces informations pour **ajuster et améliorer** votre produit ou service.

5.4.1. Identifier les points d'amélioration

Après avoir recueilli des retours via vos différentes méthodes de validation, analysez les données pour identifier les **points d'amélioration**. Par exemple, si plusieurs clients potentiels mentionnent que certaines fonctionnalités sont inutiles ou trop complexes, il peut être judicieux de les simplifier ou de les supprimer.

5.4.2. Prioriser les ajustements

Il est important de **prioriser les ajustements** en fonction de leur impact potentiel. Vous ne pourrez peut-être pas tout changer immédiatement, mais vous pouvez commencer par corriger les aspects qui ont le plus de valeur pour vos clients.

5.4.3. Itérer rapidement

L'itération rapide est une méthode qui consiste à effectuer des ajustements fréquents et à tester rapidement les nouvelles versions de votre produit ou service. Cela permet de s'assurer que vous êtes sur la bonne voie tout en gardant un contact constant avec les besoins de vos clients.

Une Idée Valide Est une Idée Solide

La validation d'une idée est une étape essentielle pour tout entrepreneur souhaitant minimiser les risques et maximiser ses chances de succès. En testant votre idée sur le terrain, vous transformez des hypothèses en **certitudes**, en vous basant sur des retours concrets de vos clients potentiels.

En utilisant des méthodes telles que les interviews, les sondages, les MVP, ou les focus groups, vous pouvez affiner votre idée, comprendre les besoins réels de votre public et créer un produit ou service qui a toutes les chances de réussir sur le marché.

Valider une idée, c'est **écouter le marché**, et c'est cette écoute qui vous guidera vers un lancement réussi et une entreprise pérenne.

6.Rechercher des Moyens Créatifs pour Financer Votre Projet

Une des étapes les plus cruciales dans le processus de création d'une entreprise est de **trouver des moyens de financer votre projet**. Le financement initial est souvent un obstacle majeur pour de nombreux entrepreneurs, en particulier ceux qui démarrent avec peu ou pas de ressources. Cependant, il existe aujourd'hui de nombreuses solutions créatives pour lever des fonds et financer votre idée sans avoir besoin d'un capital personnel important.

Dans ce chapitre, nous allons explorer les différentes options de financement créatif qui s'offrent à vous, y compris le crowdfunding, les concours d'entrepreneuriat, les prêts sans intérêt, et d'autres stratégies innovantes qui peuvent vous aider à réunir les fonds nécessaires pour lancer votre projet.

6.1. Pourquoi Opter pour des Solutions Créatives de Financement ?

Dans un monde où l'accès au financement traditionnel peut être difficile, surtout pour les entrepreneurs débutants ou ceux qui n'ont pas d'historique de crédit solide, il est crucial de rechercher des **solutions créatives**. Ces alternatives offrent plusieurs avantages :

- **Accès à des fonds sans emprunter à des taux élevés** : Les solutions créatives de financement permettent souvent de lever des fonds sans avoir recours à des prêts traditionnels à taux d'intérêt élevés.
- **Engager votre communauté** : Des méthodes comme le crowdfunding vous permettent non seulement de lever des fonds, mais aussi de construire une communauté autour de votre projet.
- **Limiter les risques financiers** : En levant des fonds auprès d'un grand nombre de personnes ou en utilisant des concours, vous réduisez les risques personnels et minimisez les pertes potentielles.

6.2. Le Crowdfunding : Une Méthode Populaire et Accessible

Le **crowdfunding** (financement participatif) est devenu l'une des méthodes les plus populaires pour financer un projet entrepreneurial, notamment pour les startups ou les petites entreprises. Il consiste à lever des fonds en ligne, souvent via des plateformes dédiées, où un grand nombre de personnes (des contributeurs ou backers) soutiennent votre projet en échange de diverses contreparties.

6.2.1. Comment Fonctionne le Crowdfunding ?

Le crowdfunding repose sur un modèle simple : vous présentez votre idée à un large public en ligne via une plateforme dédiée, et les personnes intéressées peuvent choisir de contribuer financièrement à votre projet. En échange, vous pouvez offrir des récompenses sous forme de produits, services, ou mentions spéciales. Il existe plusieurs types de crowdfunding :

- **Crowdfunding basé sur les récompenses** : Ce modèle est le plus courant pour les entrepreneurs. Les contributeurs reçoivent une récompense en échange de leur soutien, souvent sous la forme du produit ou service que vous prévoyez de lancer. Ce modèle est utilisé par des plateformes comme **Kickstarter** et **Indiegogo**.

- **Crowdfunding en capital (equity crowdfunding)** : Ici, les contributeurs investissent dans votre entreprise et reçoivent une part de votre entreprise en échange de leur contribution. Cela est plus courant pour les startups à fort potentiel de croissance et est proposé sur des plateformes comme **Seedrs** ou **Crowdcube**.

- **Crowdfunding basé sur les prêts (crowdlending)** : Ce modèle fonctionne comme un prêt où les contributeurs prêtent de l'argent à l'entreprise, qui doit être remboursé avec ou sans intérêts. Des plateformes comme **Unilend** ou **Lendopolis** proposent ce type de financement.

6.2.2. Comment Lancer une Campagne de Crowdfunding Réussie ?

Lancer une campagne de crowdfunding ne se limite pas à publier votre projet en ligne et attendre que les fonds affluent. Voici les étapes clés pour maximiser vos chances de succès :

1. **Choisir la bonne plateforme** : Chaque plateforme de crowdfunding a ses propres règles, commissions, et types de projets. Vous devez donc choisir celle qui correspond le mieux à vos besoins et à votre public cible. **Kickstarter**, par exemple, est idéale pour les projets créatifs ou technologiques, tandis qu'**Indiegogo** est plus flexible en termes de types de projets et de délais.

2. **Développer une histoire engageante** : Les gens investissent dans des projets qu'ils trouvent intéressants ou avec lesquels ils peuvent s'identifier. Racontez votre histoire de manière authentique et passionnante. Expliquez pourquoi vous avez besoin de financement, comment vous utiliserez les fonds et quel impact cela aura.

3. **Offrir des contreparties attrayantes** : Les récompenses doivent motiver les contributeurs à s'engager. Proposez différents niveaux de contribution avec des récompenses adaptées à chaque niveau. Cela peut inclure des produits à tarif réduit, des accès anticipés à votre service, ou même des mentions spéciales.

4. **Promouvoir activement votre campagne** : Une campagne de crowdfunding nécessite un effort de promotion. Utilisez les réseaux sociaux, les emails, et demandez à votre entourage de partager votre campagne. Une campagne bien préparée peut lever une somme significative en peu de temps.

5. **Fixer un objectif réaliste** : Le montant que vous cherchez à lever doit être réaliste. Si votre objectif est trop élevé, les contributeurs peuvent être découragés. En revanche, un objectif trop bas pourrait ne pas couvrir vos besoins réels. Calculez soigneusement les fonds nécessaires et ajustez votre objectif en conséquence.

6.2.3. Avantages et Inconvénients du Crowdfunding

Le crowdfunding présente de nombreux avantages, mais il comporte aussi des défis :

- **Avantages** :

- Vous financez votre projet sans endettement ou perte de contrôle.
- Vous validez votre idée en temps réel, car les personnes qui contribuent montrent un intérêt réel.
- Vous pouvez créer une communauté de supporters qui suivront le développement de votre entreprise.
- **Inconvénients** :
  - Une campagne de crowdfunding réussie demande beaucoup de temps et d'efforts, notamment en termes de communication et de promotion.
  - Il peut être difficile de se démarquer, surtout si le marché est saturé de projets similaires.
  - Si vous n'atteignez pas votre objectif de financement, certaines plateformes ne vous permettent pas de toucher les fonds.

6.3. Les Concours d'Entrepreneuriat : Une Opportunité de Financement et de Visibilité

Les **concours d'entrepreneuriat** sont une autre méthode créative pour obtenir des fonds pour votre projet. Il s'agit de compétitions organisées par des organisations, des universités, des incubateurs, ou des entreprises, qui offrent des prix en argent, des ressources ou un accompagnement aux startups ayant le plus fort potentiel.

6.3.1. Pourquoi Participer à un Concours d'Entrepreneuriat ?

Participer à un concours d'entrepreneuriat peut vous offrir bien plus que de simples fonds. Voici les principaux avantages :

- **Financement** : Les prix offerts dans ces concours peuvent aller de quelques milliers à plusieurs centaines de milliers d'euros.
- **Visibilité** : Gagner ou même participer à un concours d'entrepreneuriat peut donner à votre entreprise une visibilité précieuse, attirer des investisseurs, ou ouvrir des portes vers de nouveaux partenariats.
- **Accompagnement** : De nombreux concours offrent également des programmes d'accompagnement, de mentorat, ou des formations pour aider les entrepreneurs à développer leur entreprise.
- **Validation du projet** : Être sélectionné ou remporter un concours est un gage de crédibilité pour votre projet. Cela peut renforcer la confiance des investisseurs, des partenaires et des clients potentiels.

6.3.2. Comment Participer à des Concours d'Entrepreneuriat ?

Pour participer à un concours d'entrepreneuriat, vous devez généralement suivre les étapes suivantes :

1. **Identifier les concours adaptés à votre projet** : Il existe des concours dans différents secteurs (technologie, développement durable, innovation sociale, etc.) et à différents niveaux (local, national, international). Faites des recherches pour identifier ceux qui correspondent le mieux à votre entreprise.

2. **Préparer une candidature solide** : La plupart des concours demandent une présentation détaillée de votre projet, de votre équipe, de votre plan d'affaires et de vos projections financières. Assurez-vous que votre dossier est complet, bien rédigé, et convaincant. Une présentation claire de votre **proposition de valeur** est essentielle.

3. **Participer aux phases de sélection** : Certains concours incluent des présentations orales (pitchs) où vous devrez convaincre un jury en quelques minutes. Préparez-vous à répondre aux questions sur votre modèle d'affaires, votre marché cible et votre stratégie de croissance.

4. **Tirer parti des résultats** : Que vous gagniez ou non, utilisez cette opportunité pour créer des connexions et améliorer votre projet. Les concours sont également des plateformes de réseautage où vous pouvez rencontrer des investisseurs potentiels ou des mentors.

6.3.3. Exemples de Concours d'Entrepreneuriat

Il existe de nombreux concours d'entrepreneuriat à travers le monde. Voici quelques exemples :

- **Le Prix Moovjee** (Mouvement pour les Jeunes et les Étudiants Entrepreneurs) en France, qui soutient les jeunes entrepreneurs avec des prix financiers et un programme de mentorat.
- **Le Startupper de l'Année** organisé par Total, qui récompense les jeunes entrepreneurs en Afrique et ailleurs avec des prix en espèces et un accompagnement personnalisé.
- **MassChallenge** est un concours international qui offre des subventions et un accompagnement aux startups innovantes, avec des programmes dans plusieurs pays.

6.4. Les Prêts Sans Intérêt et Microcrédits : Des Options Accessibles

Pour les entrepreneurs qui préfèrent les **prêts** aux options de financement participatif ou aux concours, il existe des solutions de **prêts sans intérêt** ou de **microcrédits** qui permettent de financer un projet à moindre coût. Ces solutions sont souvent plus accessibles que les prêts bancaires traditionnels et sont spécialement conçues pour les petites entreprises et les entrepreneurs en démarrage.

6.4.1. Qu'est-ce qu'un Microcrédit ?

Un **microcrédit** est un prêt de faible montant (généralement inférieur à 10 000 euros) accordé à des entrepreneurs ou des petites entreprises qui n'ont pas accès aux crédits bancaires classiques en raison de leur situation financière ou d'un manque de garanties. Les microcrédits sont souvent proposés par des organismes spécialisés ou des associations.

Ces prêts sont utilisés pour financer des projets de démarrage ou de développement et peuvent couvrir diverses dépenses, telles que l'achat de matériel, la location d'un local, ou le financement d'une campagne marketing.

6.4.2. Prêts d'Honneur et Prêts Sans Intérêt

Les **prêts d'honneur** sont des prêts sans intérêt, souvent accordés par des associations d'entrepreneurs, des incubateurs ou des collectivités locales, dans le but de soutenir les entrepreneurs en démarrage. Contrairement aux prêts bancaires, ces prêts ne nécessitent pas de garanties personnelles.

Voici quelques avantages des prêts d'honneur :

- **Aucun intérêt** : Vous remboursez uniquement le montant emprunté, sans frais supplémentaires.
- **Accès facilité** : Ils sont souvent plus accessibles pour les entrepreneurs qui n'ont pas un historique de crédit solide.
- **Effet de levier** : Un prêt d'honneur peut également servir de levier pour obtenir un prêt bancaire plus important, car il prouve votre sérieux et la viabilité de votre projet.

6.4.3. Exemples d'Organismes Offrant des Microcrédits et Prêts d'Honneur

Voici quelques exemples d'organismes qui offrent des microcrédits et des prêts sans intérêt pour les entrepreneurs :

- **ADIE** (Association pour le Droit à l'Initiative Économique) : Cette organisation propose des microcrédits aux entrepreneurs en France, ainsi que des services d'accompagnement pour les aider à réussir leur projet.
- **Initiative France** : Ce réseau d'accompagnement propose des prêts d'honneur sans intérêt aux créateurs et repreneurs d'entreprises. Les montants peuvent aller jusqu'à 50 000 euros selon les projets.
- **France Active** : Cet organisme soutient les entrepreneurs sociaux et solidaires avec des prêts d'honneur et des garanties bancaires.

6.5. Trouver des Investisseurs Privés : Business Angels et Capital-risque

Si vous avez une idée innovante avec un fort potentiel de croissance, vous pouvez envisager de rechercher des **investisseurs privés**, comme des **business angels** ou des fonds de capital-risque. Ces investisseurs sont prêts à injecter des capitaux dans des startups en échange d'une part de propriété dans l'entreprise.

6.5.1. Business Angels

Les **business angels** sont des investisseurs individuels qui investissent leur propre argent dans des startups en phase de démarrage. En plus des fonds, ils apportent souvent leur expertise et leur réseau pour aider l'entreprise à croître.

Pour attirer l'attention d'un business angel, il est essentiel de :

- **Avoir un business plan solide** qui montre comment vous allez transformer votre idée en une entreprise rentable.
- **Présenter une opportunité d'investissement attrayante**, avec des perspectives de croissance élevées et un potentiel de retour sur investissement à moyen ou long terme.

6.5.2. Capital-risque

Les fonds de **capital-risque** (venture capital) sont des investisseurs institutionnels qui financent des entreprises innovantes à fort potentiel de croissance. Ils investissent généralement des montants plus élevés que les business angels, mais en échange, ils demandent souvent une part plus importante de l'entreprise et un certain contrôle sur les décisions stratégiques.

Pour lever des fonds auprès d'un fonds de capital-risque, il est essentiel de démontrer que votre entreprise a un **potentiel de croissance exponentiel**, notamment dans des secteurs comme la technologie, les biotechnologies, ou les fintechs.

6.6. Autres Moyens de Financement Créatif

En plus des méthodes traditionnelles et créatives évoquées ci-dessus, il existe d'autres moyens de financer un projet de manière innovante :

- **Le bootstrapping** : Il s'agit de financer soi-même son entreprise en réinvestissant les premiers revenus dans le développement de l'activité. Cela permet de garder le contrôle total de l'entreprise, mais nécessite une gestion rigoureuse.

- **La love money** : Vous pouvez demander à vos proches (amis, famille) d'investir dans votre projet. Ils peuvent apporter une contribution financière sous forme de don, prêt ou participation au capital.

Le Financement Créatif au Service de Votre Projet

La recherche de financement pour un projet entrepreneurial ne se limite pas aux méthodes traditionnelles comme les prêts bancaires. Aujourd'hui, il existe une multitude d'**options créatives** pour lever des fonds, que ce soit à travers le crowdfunding, les concours d'entrepreneuriat, les prêts d'honneur ou les microcrédits.

En explorant ces alternatives, vous pouvez non seulement réunir les fonds nécessaires pour démarrer votre entreprise, mais aussi **valider votre projet**, attirer des partenaires stratégiques, et construire une communauté de supporters.

L'essentiel est de choisir la méthode qui correspond le mieux à votre projet, vos objectifs et votre marché. Avec une stratégie de financement bien pensée, vous pouvez concrétiser votre vision entrepreneuriale et poser les bases d'un projet durable et florissant.

7.Économiser et Réinvestir les Revenus

Dans un monde où les ressources financières sont souvent limitées, en particulier pour les entrepreneurs en démarrage, savoir gérer et maximiser les revenus est essentiel pour assurer la croissance et la pérennité de l'entreprise. Beaucoup d'entrepreneurs se retrouvent confrontés à une réalité : ils ne disposent pas des fonds nécessaires pour se lancer avec une infrastructure solide ou un plan de développement à grande échelle. C'est là que la stratégie de **commencer petit** et de **réinvestir les revenus** entre en jeu.

Dans ce chapitre, nous allons explorer comment économiser judicieusement, démarrer modestement, puis réinvestir chaque bénéfice dans la croissance de votre entreprise. Cette approche non seulement favorise une expansion durable, mais elle permet également de limiter les risques financiers tout en bâtissant une entreprise solide et résiliente.

7.1. Pourquoi Commencer Petit Est Une Stratégie Gagnante

L'idée de démarrer à petite échelle peut parfois sembler contre-intuitive, surtout dans une ère où l'on entend souvent parler de startups qui lèvent des millions de dollars avant même de réaliser leur première vente. Cependant, pour beaucoup d'entrepreneurs, commencer petit est une stratégie non seulement plus réaliste, mais aussi plus sûre.

7.1.1. Limiter les risques

En démarrant à petite échelle, vous **réduisez les risques financiers** liés à un échec précoce. Plutôt que d'investir toutes vos ressources dans un produit ou un service non testé, vous pouvez lancer une version simplifiée ou minimaliste de votre idée. Cela vous permet de voir comment le marché réagit avant de prendre des décisions plus lourdes financièrement.

Si l'idée ne prend pas comme prévu, les pertes sont limitées, et il sera plus facile de pivoter ou d'ajuster votre offre sans avoir perdu un investissement conséquent. Démarrer petit vous donne également la possibilité de **tester votre modèle d'affaires** à moindre coût.

7.1.2. Apprendre à chaque étape

En commençant petit, vous avez l'opportunité d'**apprendre de vos premières ventes** ou interactions avec les clients. Vous pouvez identifier ce qui fonctionne, ce qui doit être amélioré, et ce que vos clients recherchent réellement. Chaque retour d'expérience vous permet de peaufiner votre offre avant de vous lancer à plus grande échelle. En somme, c'est une approche **d'apprentissage progressif** qui renforce vos chances de succès à long terme.

7.1.3. Flexibilité et adaptation

En restant agile et en ne vous engageant pas dans des dépenses lourdes dès le début, vous conservez une **flexibilité** qui vous permet de vous adapter rapidement aux évolutions du marché, aux besoins de vos clients, ou à la concurrence. Démarrer petit vous laisse de la marge de manœuvre pour ajuster votre stratégie sans que cela ne coûte trop cher.

7.2. Définir une Stratégie d'Économie Efficace

Avant même de commencer à réinvestir les bénéfices de votre entreprise, il est essentiel d'établir une stratégie d'économie rigoureuse. **Gérer efficacement vos finances** dès les premiers jours est la clé pour assurer une croissance stable et durable. Voici quelques éléments clés pour maximiser l'efficacité de votre stratégie d'économie.

7.2.1. Minimiser les coûts fixes

Les coûts fixes, tels que le loyer, les salaires permanents ou les abonnements à des services payants, peuvent rapidement devenir un fardeau pour une petite entreprise. Lorsque vous démarrez avec un budget limité, il est essentiel de **minimiser autant que possible ces dépenses fixes**.

- **Travaillez de chez vous** : Si possible, évitez de louer un bureau au début. Le travail à domicile ou dans un espace de coworking flexible peut réduire considérablement vos coûts.
- **Externalisez intelligemment** : Plutôt que d'embaucher du personnel permanent, pensez à externaliser certaines tâches à des freelances ou à des contractuels. Cela vous permet d'éviter des engagements à long terme coûteux et de rester flexible.
- **Utilisez des outils gratuits ou peu coûteux** : Il existe une multitude d'outils logiciels gratuits ou à faible coût pour la gestion des tâches, la comptabilité, le marketing, et la gestion de projets. Tirer parti de ces solutions peut vous permettre de limiter les dépenses dans des logiciels complexes et coûteux.

7.2.2. Suivre rigoureusement vos finances

Une gestion rigoureuse de vos finances est cruciale pour économiser de manière efficace. Dès le départ, vous devez mettre en place des **outils de suivi financier** pour vous assurer que chaque euro est bien utilisé. Il existe des logiciels de comptabilité adaptés aux petites entreprises qui vous permettent de suivre vos dépenses, vos revenus, et de gérer votre trésorerie en temps réel.

- **Établir un budget mensuel** : Créez un budget mensuel détaillé, avec des prévisions de revenus et des limites de dépenses. Ce budget doit inclure une marge pour les imprévus afin d'éviter d'être pris au dépourvu en cas de coûts inattendus.
- **Contrôler régulièrement les dépenses** : Passez en revue vos dépenses régulièrement pour voir si elles sont nécessaires ou si des ajustements peuvent être faits. Il est important de repérer les gaspillages ou les dépenses superflues qui pourraient être coupées ou réduites.
- **Privilégier les paiements en liquide** : Si possible, utilisez les bénéfices générés pour payer vos fournisseurs ou vos prestataires plutôt que de vous endetter. Cela vous permet de garder une situation financière saine et d'éviter de cumuler des dettes.

7.2.3. Limiter l'endettement

Il est facile, au début, de recourir à des crédits ou des prêts pour financer le démarrage de votre entreprise. Cependant, plus vous vous endettez, plus cela peut devenir un poids à long terme. Si vous devez emprunter, assurez-vous que les **conditions sont avantageuses** (prêts sans intérêt, microcrédits) et que vous pourrez rembourser rapidement.

L'objectif ici est de **réinvestir dans l'entreprise à partir des revenus générés** et non de dépendre exclusivement de financements externes. Plus vous économisez et réinvestissez, moins vous aurez besoin d'emprunter, ce qui améliore votre santé financière à long terme.

7.3. Réinvestir les Revenus : Une Stratégie de Croissance Durable

Une fois que vous commencez à générer des bénéfices, la **stratégie de réinvestissement** entre en jeu. Plutôt que de retirer vos profits pour un usage personnel ou de les épargner indéfiniment, l'objectif est de **réinjecter ces revenus dans votre entreprise** pour la faire grandir.

7.3.1. Prioriser le réinvestissement dans les aspects critiques de l'entreprise

Tous les revenus ne doivent pas être réinvestis de manière égale dans chaque domaine. Vous devez prioriser les secteurs de votre entreprise qui **ont le plus besoin de développement** et qui contribueront directement à une croissance future.

Voici quelques domaines clés où le réinvestissement est souvent crucial :

- **Développement du produit ou service** : Si votre produit ou service nécessite des améliorations ou des ajouts, utilisez les bénéfices pour financer ces innovations. Cela peut inclure des mises à jour, de nouvelles fonctionnalités ou même des lignes de produits supplémentaires.

- **Marketing et acquisition de clients** : Une fois que vous avez validé votre marché, réinvestissez dans vos stratégies marketing pour attirer plus de clients. Vous pouvez utiliser les bénéfices pour financer des campagnes publicitaires, améliorer votre site web, ou optimiser votre présence sur les réseaux sociaux.

- **Renforcement des capacités opérationnelles** : À mesure que votre entreprise grandit, vous pourriez avoir besoin d'embaucher des employés, de louer un espace supplémentaire, ou d'acquérir de nouveaux équipements. Investir dans des ressources humaines et matérielles permet d'améliorer l'efficacité de votre entreprise.

7.3.2. Mettre en place un cycle de réinvestissement

Le processus de réinvestissement doit être régulier et structuré. Voici un exemple de **cycle de réinvestissement** que vous pouvez suivre :

1. **Analyser les résultats trimestriels** : Chaque trimestre, évaluez vos revenus, vos bénéfices et vos dépenses. Déterminez quel pourcentage de vos bénéfices peut être réinvesti.

2. **Établir des priorités** : Identifiez les domaines de l'entreprise qui nécessitent le plus d'attention. Cela peut inclure le développement du produit, le marketing, ou l'amélioration des processus internes.

3. **Allouer les ressources** : Une fois les priorités établies, allouez un budget de réinvestissement à chaque domaine en fonction de son importance pour la croissance future.

4. **Répéter et ajuster** : À la fin de chaque trimestre, réévaluez vos résultats et ajustez votre cycle de réinvestissement en fonction de l'évolution de votre entreprise.

7.3.3. Les Avantages du Réinvestissement

Réinvestir les revenus dans votre entreprise présente plusieurs avantages clés :

- **Croissance progressive et maîtrisée** : En réinvestissant les bénéfices de manière continue, vous favorisez une croissance stable et évitez de dépendre de financements externes qui peuvent vous imposer des contraintes ou des dettes.
- **Amélioration continue** : Chaque réinvestissement vous permet d'améliorer vos produits, services, et opérations, ce qui se traduit par une meilleure satisfaction client et, à terme, une augmentation des ventes.
- **Renforcement de la résilience** : En investissant régulièrement dans les domaines critiques de votre entreprise, vous renforcez sa capacité à faire face aux défis et aux imprévus.

7.4. Adapter Votre Stratégie de Réinvestissement à Chaque Phase de Croissance

Votre stratégie de réinvestissement doit évoluer en fonction de la **phase de croissance** dans laquelle se trouve votre entreprise. Les besoins d'une entreprise en démarrage ne sont pas les mêmes que ceux d'une entreprise en phase de croissance avancée.

7.4.1. Réinvestir au stade de lancement

Au stade de lancement, l'accent doit être mis sur le **développement du produit ou service** et la **validation du marché**. Utilisez vos bénéfices pour améliorer ou perfectionner votre offre en fonction des retours des clients et pour renforcer vos actions de marketing afin d'attirer vos premiers clients.

Exemples de réinvestissements à ce stade :

- Améliorer les fonctionnalités de votre produit pour répondre aux attentes des premiers utilisateurs.
- Financer des campagnes marketing ciblées pour augmenter la visibilité de votre marque.

7.4.2. Réinvestir pendant la phase de croissance

Lorsque vous entrez dans une phase de croissance, vos priorités en termes de réinvestissement peuvent changer. Vous devrez probablement allouer plus de ressources à l'**évolution de votre infrastructure** (recrutement, technologie) et à l'**optimisation des processus internes** pour gérer un volume plus important d'activités.

Exemples de réinvestissements à ce stade :

- Recruter du personnel supplémentaire pour répondre à la demande croissante.
- Investir dans des outils ou logiciels pour automatiser certaines tâches ou améliorer l'efficacité opérationnelle.

7.4.3. Réinvestir au stade de maturité

Une fois que votre entreprise atteint un stade de maturité, vous pouvez vous concentrer sur la **diversification de vos produits ou services** et l'**exploration de nouveaux marchés**. À ce stade, le réinvestissement peut se faire dans l'innovation, la recherche et le développement, ou l'internationalisation.

Exemples de réinvestissements à ce stade :

- Explorer de nouvelles lignes de produits ou services pour augmenter vos sources de revenus.
- Pénétrer de nouveaux marchés géographiques ou démographiques.

7.5. Les Pièges à Éviter Lors du Réinvestissement

Bien que le réinvestissement des bénéfices soit une stratégie éprouvée pour assurer la croissance d'une entreprise, il existe des **pièges courants** à éviter :

7.5.1. Sous-investir dans le développement de l'entreprise

L'un des pièges les plus courants est de **sous-investir** dans les domaines critiques de l'entreprise. Par peur de perdre des fonds, certains entrepreneurs hésitent à réinvestir suffisamment dans des secteurs comme le marketing, l'innovation ou l'embauche de talents. Cette approche peut freiner la croissance de votre entreprise.

7.5.2. Se concentrer sur des réinvestissements à court terme

Il est important de ne pas se concentrer uniquement sur des réinvestissements à court terme qui génèrent des bénéfices immédiats. Une stratégie de réinvestissement réussie doit également prendre en compte le **développement à long terme**, en investissant dans des projets qui ne portent leurs fruits qu'à moyen ou long terme, mais qui sont cruciaux pour la croissance future.

7.5.3. Ne pas suivre les retours financiers

Certains entrepreneurs réinvestissent dans leur entreprise sans suivre correctement les résultats financiers de ces réinvestissements. Il est essentiel d'**analyser régulièrement les performances** des investissements que vous avez réalisés et d'ajuster votre stratégie si nécessaire.

7.6. Maintenir un Équilibre entre Réinvestissement et Rentabilité

Bien que le réinvestissement soit crucial pour assurer la croissance, il est important de **maintenir un équilibre** entre réinvestir les bénéfices et préserver la rentabilité de l'entreprise. Une entreprise qui réinvestit tous ses bénéfices sans en tirer profit pour ses fondateurs ou actionnaires risque de devenir insoutenable à long terme.

Assurez-vous de **maintenir une trésorerie suffisante** pour couvrir les coûts d'exploitation quotidiens et d'anticiper les imprévus, tout en laissant une part des bénéfices pour la croissance future.

Une Stratégie de Réinvestissement pour une Croissance Durable

Économiser et réinvestir les revenus est une stratégie efficace pour faire croître votre entreprise de manière progressive et durable, sans avoir besoin de financement externe excessif. En démarrant petit, en gérant vos finances avec rigueur, et en réinvestissant intelligemment dans les aspects critiques de votre entreprise, vous construisez une base solide pour une expansion à long terme.

Le réinvestissement régulier des bénéfices dans l'amélioration de votre produit, le renforcement de vos capacités opérationnelles et l'acquisition de clients vous permet de créer une entreprise résiliente et prospère. Toutefois, il est crucial de maintenir un équilibre entre réinvestissement et rentabilité pour garantir une croissance durable.

8.Offrir un Service ou Produit Minimal Viable (MVP)

Lancer une entreprise, quel que soit le secteur, est une aventure qui exige à la fois prudence et audace. Si l'idée initiale d'un produit ou service semble prometteuse, il est crucial de la tester rapidement sur le marché avant de consacrer trop de ressources à son développement complet. C'est là qu'intervient le concept de **produit minimal viable (MVP)**. Le MVP est une version simplifiée de votre produit ou service, conçue avec juste assez de fonctionnalités pour attirer les premiers utilisateurs et tester la viabilité de l'idée sur le marché.

Dans ce chapitre, nous allons explorer comment concevoir un MVP efficace, les avantages qu'il procure, et comment l'utiliser pour valider rapidement votre idée auprès de votre marché cible. Cette approche, largement utilisée dans le monde des startups, permet de **limiter les risques**, de **réduire les coûts initiaux**, et de **s'assurer que vous développez quelque chose que les gens veulent réellement**.

8.1. Qu'est-ce qu'un Produit Minimal Viable (MVP) ?

Le **produit minimal viable** est une version réduite de votre produit ou service, avec uniquement les fonctionnalités essentielles. Il est conçu pour répondre aux besoins de base de vos premiers utilisateurs tout en testant votre idée sur le marché. L'objectif principal du MVP est d'obtenir des **retours rapides** de la part des utilisateurs pour ajuster et améliorer votre offre avant d'investir davantage dans le développement.

8.1.1. Comprendre l'objectif du MVP

Le but du MVP n'est pas de créer un produit parfait ou complet dès le départ. Au contraire, il s'agit de lancer rapidement une version basique, mais fonctionnelle, de votre produit pour voir comment le marché réagit. Cela vous permet de :

- **Tester votre hypothèse** : Est-ce que votre produit ou service résout vraiment un problème pour vos utilisateurs ?
- **Recueillir des retours d'utilisateurs** : Ces retours vous aident à déterminer ce qui fonctionne bien et ce qui doit être amélioré.
- **Économiser du temps et de l'argent** : Plutôt que de développer un produit complet qui pourrait ne pas trouver son marché, vous pouvez faire des ajustements en fonction des réactions des utilisateurs.

8.1.2. Les Caractéristiques d'un MVP

Un MVP efficace repose sur quelques principes clés :

- **Simplicité** : Il doit être aussi simple que possible, avec uniquement les fonctionnalités essentielles.
- **Fonctionnalité** : Bien qu'il soit minimaliste, il doit être fonctionnel et répondre à un besoin réel.
- **Scalabilité** : Il doit être conçu de manière à pouvoir être amélioré ou étendu rapidement si la validation est positive.

- **Itératif** : Le MVP n'est que le point de départ. Vous devez être prêt à itérer et à améliorer le produit en fonction des retours.

8.2. Pourquoi Offrir un MVP Plutôt Qu'un Produit Complet ?

Lancer un MVP présente de nombreux avantages pour un entrepreneur. Contrairement au développement d'un produit complet, le MVP vous permet de **minimiser les risques** et d'optimiser les chances de succès en obtenant des données concrètes sur ce que vos clients veulent réellement.

8.2.1. Réduire les Coûts et Maximiser les Ressources

Le développement complet d'un produit, avec toutes les fonctionnalités, peut coûter cher, en temps et en argent. Si vous attendez d'avoir un produit parfait avant de le lancer sur le marché, vous risquez de dépenser énormément sans être certain que votre idée soit viable. Un MVP, en revanche, vous permet de **réduire les coûts initiaux** et de maximiser vos ressources en ne développant que ce qui est nécessaire pour commencer.

Exemple : Si vous développez une application mobile, vous pouvez commencer par une version simple avec quelques fonctionnalités clés. Cela permet d'éviter de payer pour le développement de fonctionnalités coûteuses qui ne sont peut-être pas nécessaires.

8.2.2. Valider Rapidement Votre Idée sur le Marché

Le MVP est conçu pour vous permettre de **tester rapidement** votre idée. En lançant une version simplifiée de votre produit, vous obtenez rapidement des retours de vos premiers utilisateurs. Cela vous permet de savoir :

- Si votre produit répond vraiment à un besoin.
- Si les utilisateurs sont prêts à payer pour votre solution.
- Si certaines fonctionnalités doivent être modifiées ou ajoutées.

L'avantage de cette approche est que vous validez ou invalidez votre idée bien avant d'avoir consacré trop de ressources au développement d'un produit complet.

8.2.3. Améliorer en Continu grâce aux Retours Utilisateurs

Les retours d'utilisateurs sont essentiels pour perfectionner votre produit ou service. Le lancement d'un MVP vous permet de **recueillir ces retours** dès les premières étapes du projet. Ces informations vous aident à ajuster votre produit pour mieux répondre aux attentes des utilisateurs. Cette boucle de feedback vous permet d'améliorer continuellement le produit et de le rendre plus performant à chaque itération.

Plutôt que de deviner ce que veulent les utilisateurs, vous construisez votre produit sur la base de données concrètes provenant de vos premiers clients.

8.2.4. Éviter les Erreurs Coûteuses

L'un des principaux avantages du MVP est qu'il vous permet d'éviter les erreurs coûteuses. En lançant un produit complet sans validation préalable, vous risquez de découvrir trop tard que le marché n'est pas intéressé par votre offre. En testant un MVP, vous pouvez identifier rapidement ce qui ne fonctionne pas et ajuster votre produit en conséquence, tout en limitant les pertes financières.

8.3. Comment Créer un MVP Efficace

La création d'un MVP n'est pas simplement une version inachevée de votre produit. Il s'agit de choisir **stratégiquement** les fonctionnalités à inclure pour répondre aux besoins essentiels de vos utilisateurs tout en testant votre hypothèse initiale.

8.3.1. Identifier le Problème Principal à Résoudre

La première étape pour concevoir un MVP est de **définir clairement le problème** que vous essayez de résoudre. Vous devez comprendre les besoins de vos utilisateurs et comment votre produit peut y répondre. Posez-vous les questions suivantes :

- Quel est le problème principal que rencontre votre marché cible ?
- Quelle est la solution minimale que vous pouvez offrir pour résoudre ce problème ?
- Quelles fonctionnalités sont indispensables pour résoudre ce problème efficacement ?

Exemple : Si vous développez un logiciel de gestion de tâches pour les entreprises, la fonctionnalité essentielle pourrait être la création et la gestion de tâches, sans les fonctionnalités supplémentaires comme l'intégration d'autres outils ou la personnalisation avancée.

8.3.2. Prioriser les Fonctionnalités Clés

Une fois que vous avez identifié le problème à résoudre, vous devez prioriser les fonctionnalités de votre produit. L'objectif est de vous concentrer uniquement sur celles qui sont essentielles au fonctionnement de votre produit. Les fonctionnalités "bonus" ou "nice-to-have" peuvent être ajoutées plus tard, une fois que vous aurez validé votre idée.

Pour prioriser les fonctionnalités, vous pouvez utiliser des techniques comme la matrice de **valeur vs complexité** :

- **Valeur élevée, complexité faible** : Fonctionnalités à inclure dans le MVP.
- **Valeur élevée, complexité élevée** : Fonctionnalités à développer après la validation.
- **Valeur faible, complexité faible** : Fonctionnalités à envisager plus tard.
- **Valeur faible, complexité élevée** : Fonctionnalités à éviter.

Exemple : Si vous créez une application de réservation de restaurants, les fonctionnalités essentielles pourraient être la recherche de restaurants et la réservation. Les avis des utilisateurs et les suggestions de restaurants basées sur les préférences pourraient être ajoutés plus tard.

8.3.3. Créer un Prototype ou une Version Simplifiée

Le **prototype** est la première version physique ou numérique de votre MVP. Il ne doit pas être parfait, mais il doit permettre à vos utilisateurs de **tester la fonctionnalité essentielle** du produit. Selon votre projet, le prototype peut être :

- Un produit physique simple, fabriqué à petite échelle.
- Une application ou un site web avec un nombre limité de fonctionnalités.
- Une démonstration ou un service manuel avant de l'automatiser.

Par exemple, si vous créez une boutique en ligne, vous pouvez commencer avec un site basique et quelques produits. Une fois que vous avez validé l'intérêt des clients, vous pouvez développer des fonctionnalités plus avancées, comme la gestion des avis ou des recommandations personnalisées.

8.3.4. Tester le MVP avec un Petit Groupe d'Utilisateurs

Une fois votre MVP créé, vous devez le **tester avec un groupe restreint d'utilisateurs**. Il peut s'agir de vos premiers clients, de bêta-testeurs ou même de membres de votre réseau personnel. L'objectif est de recueillir des retours honnêtes sur la valeur du produit et de détecter les points à améliorer.

Lors du test, vous devez vous concentrer sur :

- **L'expérience utilisateur** : Est-ce que votre produit est facile à utiliser ? Quels sont les obstacles rencontrés par les utilisateurs ?
- **La fonctionnalité** : Votre produit résout-il le problème principal ? Les fonctionnalités proposées sont-elles suffisantes ?
- **Les améliorations à apporter** : Quels aspects du produit doivent être améliorés ou ajoutés pour répondre aux attentes des utilisateurs ?

Exemple : Si vous lancez une application de fitness, vous pouvez inviter un groupe restreint d'utilisateurs à tester les séances d'entraînement et leur demander des retours sur la fluidité de l'application, la pertinence des séances, et l'intérêt global du service.

8.4. Utiliser les Retours pour Itérer et Améliorer

L'une des forces du MVP réside dans la capacité à **récolter des retours précieux** des utilisateurs pour améliorer le produit au fil du temps. Plutôt que de travailler sur des suppositions, vous prenez des décisions basées sur des **données réelles** et des **commentaires d'utilisateurs**.

8.4.1. Analyser les Retours Utilisateurs

Après avoir testé votre MVP, vous devez analyser les retours des utilisateurs pour identifier les points forts et les faiblesses de votre produit. Posez-vous les questions suivantes :

- Quels aspects du produit sont les plus appréciés ?
- Quelles fonctionnalités manquent ou doivent être améliorées ?
- Quels problèmes les utilisateurs ont-ils rencontrés lors de l'utilisation ?

Il est important de **classer ces retours par priorité**, en tenant compte de leur importance pour l'expérience utilisateur et leur impact potentiel sur la réussite de votre produit.

8.4.2. Itérer en Fonction des Données Collectées

Une fois les retours analysés, vous pouvez commencer à **itérer** sur votre produit. Cela signifie apporter des améliorations successives en fonction des retours utilisateurs. L'itération doit être un processus continu, au fur et à mesure que de nouveaux utilisateurs interagissent avec votre produit et que vous obtenez plus de données.

Exemple : Si vous recevez des retours indiquant que certaines fonctionnalités sont compliquées à utiliser, vous pouvez simplifier ces aspects dans la prochaine version de votre produit. Si vous apprenez que les utilisateurs souhaitent une nouvelle fonctionnalité, vous pouvez l'ajouter dans une version ultérieure.

8.4.3. Évaluer la Viabilité du Produit

Après plusieurs cycles d'itération et d'amélioration, il est temps de **réévaluer la viabilité** de votre produit. Si vous avez reçu des retours positifs et que votre MVP a prouvé qu'il répond à un besoin sur le marché, vous pouvez alors envisager de passer à l'étape suivante : l'expansion de votre produit et le développement de nouvelles fonctionnalités.

Si, au contraire, les retours sont majoritairement négatifs ou que vous n'avez pas réussi à générer l'intérêt attendu, cela peut être le signe que vous devez repenser votre produit ou ajuster votre stratégie.

8.5. Lancer à Plus Grande Échelle après Validation du MVP

Une fois que votre MVP est validé et que vous avez prouvé qu'il existe une demande pour votre produit ou service, vous pouvez commencer à **évoluer vers une version plus complète**. Cette étape consiste à intégrer progressivement les fonctionnalités secondaires que vous aviez laissées de côté au départ, tout en continuant d'optimiser les aspects déjà développés.

8.5.1. Développer des Fonctionnalités Supplémentaires

À ce stade, vous pouvez vous permettre d'ajouter des fonctionnalités secondaires ou des options supplémentaires, en fonction des priorités identifiées lors des tests du MVP. Ces fonctionnalités doivent enrichir l'expérience utilisateur, sans complexifier inutilement le produit.

8.5.2. Augmenter la Portée de Votre Audience

Après avoir validé votre MVP avec un groupe restreint d'utilisateurs, il est temps de passer à une audience plus large. Vous pouvez commencer à élargir vos efforts de marketing, augmenter vos canaux de distribution et explorer de nouveaux marchés.

Exemple : Si votre MVP était initialement disponible dans une ville ou une région spécifique, vous pouvez commencer à le proposer à une audience nationale ou internationale, selon vos ressources et votre stratégie.

8.5.3. Adapter Votre Modèle de Croissance

L'un des avantages du MVP est qu'il vous permet d'**ajuster votre modèle de croissance** au fur et à mesure que vous évoluez. En fonction des retours utilisateurs, des tendances du marché et des opportunités, vous pouvez affiner votre stratégie pour maximiser l'expansion de votre produit.

Le MVP, une Stratégie Incontournable pour Lancer avec Succès

Offrir un produit ou un service minimal viable (MVP) est une **stratégie intelligente et agile** qui permet de tester rapidement votre idée sur le marché, de recueillir des retours précieux et de minimiser les risques financiers. En développant une version simplifiée mais fonctionnelle de votre produit, vous validez l'intérêt du marché tout en améliorant votre offre en continu.

Que vous soyez une startup en phase de démarrage ou une petite entreprise cherchant à innover, le MVP vous offre une approche structurée pour construire un produit qui répond réellement aux attentes de vos utilisateurs, sans gaspiller de ressources. C'est un moyen efficace de **maximiser vos chances de succès** tout en restant flexible et adaptable dans un environnement en constante évolution.

9.Construire un Réseau de Partenaires

Dans le monde de l'entrepreneuriat, il est rare de réussir seul. En fait, **la réussite d'une entreprise dépend souvent de la capacité de l'entrepreneur à s'entourer de partenaires stratégiques**, qu'il s'agisse de cofondateurs, d'investisseurs, de mentors ou de partenaires commerciaux. Construire un réseau de partenaires est une étape essentielle pour bénéficier des ressources, de l'expertise et du soutien nécessaires à la réussite à long terme de votre projet.

Dans ce chapitre, nous allons explorer pourquoi il est crucial de bâtir un réseau de partenaires solides, comment identifier les partenaires qui partagent votre vision et vos objectifs, et les différentes stratégies pour **établir des collaborations fructueuses**. Un réseau de partenaires efficace peut vous permettre de **partager des ressources**, de **mutualiser les risques** et de bénéficier de compétences complémentaires pour accélérer le lancement et la croissance de votre entreprise.

9.1. L'Importance de Construire un Réseau de Partenaires

Le succès entrepreneurial ne repose pas uniquement sur l'idée initiale ou le capital financier disponible. En réalité, **un réseau solide de partenaires** peut être un atout déterminant pour lancer et développer une entreprise prospère. Qu'il s'agisse de cofondateurs, de mentors ou de partenaires commerciaux, chaque partenaire apporte des ressources et des compétences uniques qui renforcent l'ensemble du projet.

9.1.1. Mutualiser les ressources et les compétences

L'un des avantages principaux de construire un réseau de partenaires est la **mutualisation des ressources**. En collaborant avec des partenaires, vous pouvez bénéficier de leurs compétences, de leurs infrastructures, et de leur expertise sans avoir à tout construire par vous-même. Par exemple, si vous avez un partenaire stratégique dans le domaine du marketing, vous pouvez vous concentrer sur le développement de votre produit pendant que votre partenaire gère la stratégie de communication.

De plus, les partenaires peuvent apporter des **ressources financières**, des équipements, ou des contacts précieux qui vous permettront de surmonter certains obstacles et de grandir plus rapidement. Par exemple, un partenaire technologique peut offrir des services à prix réduit ou vous aider à développer votre plateforme numérique.

9.1.2. Accéder à des réseaux élargis

Chaque partenaire possède son propre réseau de contacts professionnels, et en vous associant à eux, vous accédez à un **réseau plus large** que celui auquel vous pourriez avoir accès seul. Ces contacts peuvent inclure des investisseurs, des clients potentiels, des fournisseurs ou d'autres partenaires commerciaux. Plus votre réseau est étendu, plus vous augmentez vos chances de découvrir des opportunités de croissance, de trouver des financements, ou d'obtenir des conseils stratégiques.

9.1.3. Partager le risque entrepreneurial

Entreprendre comporte toujours des risques. Cependant, en travaillant avec des partenaires, vous pouvez **répartir ces risques** entre plusieurs personnes ou organisations. Par exemple, un cofondateur peut partager la charge financière, tandis qu'un partenaire stratégique peut prendre en charge une partie du développement ou du marketing. Cela permet de réduire la pression sur l'entrepreneur principal et de mieux répartir les responsabilités.

9.2. Identifier les Partenaires Potentiels

Une fois que vous avez pris conscience de l'importance de bâtir un réseau de partenaires, l'étape suivante consiste à identifier les bons partenaires pour votre projet. **Tous les partenaires ne conviennent pas à toutes les entreprises**, il est donc essentiel de choisir des personnes ou des organisations qui partagent vos valeurs, vos objectifs, et votre vision à long terme.

9.2.1. Les différents types de partenaires

Il existe plusieurs types de partenaires potentiels qui peuvent jouer un rôle clé dans le développement de votre entreprise. Voici quelques exemples :

- **Les cofondateurs** : Ils partagent la vision de votre projet dès le début et contribuent activement à son succès. Ils sont souvent spécialisés dans des domaines complémentaires aux vôtres et apportent des compétences et des idées que vous n'avez peut-être pas.

- **Les partenaires stratégiques** : Ce sont des entreprises ou des organisations qui travaillent en collaboration avec vous pour atteindre un objectif commun. Cela peut inclure des partenariats avec des fournisseurs, des distributeurs ou d'autres entreprises de votre secteur.

- **Les mentors** : Bien qu'ils ne soient pas directement impliqués dans l'exécution quotidienne de votre entreprise, les mentors vous apportent leurs connaissances, leurs conseils et leur réseau. Ils peuvent vous guider dans les moments critiques de votre développement.

- **Les investisseurs ou business angels** : Ces partenaires fournissent un soutien financier en échange d'une participation dans votre entreprise ou d'une part des bénéfices. En plus des fonds, ils peuvent également apporter des conseils précieux et un réseau d'influence.

9.2.2. Rechercher des partenaires qui partagent votre vision

La clé d'un partenariat réussi est de s'assurer que vos partenaires partagent votre vision et vos valeurs. Cela garantit que vous travaillez dans la même direction et que vous pouvez vous appuyer sur une base de **confiance et de respect mutuels**. Voici quelques questions à poser avant de vous engager dans un partenariat :

- **Vos partenaires partagent-ils les mêmes objectifs à long terme ?**

- **Sont-ils alignés sur vos valeurs fondamentales ?**
- **Ont-ils un intérêt commun dans le succès de votre projet ?**

Exemple : Si votre entreprise se concentre sur l'innovation durable, il est essentiel que vos partenaires partagent cette approche éthique, qu'ils soient également engagés dans le développement durable et qu'ils ne cherchent pas seulement des gains financiers à court terme.

9.2.3. Identifier des compétences complémentaires

Un autre aspect essentiel du partenariat est la **complémentarité des compétences**. Lorsque vous cherchez des partenaires, l'objectif est de trouver des personnes ou des organisations qui possèdent des compétences que vous n'avez pas. Cela vous permet de créer une équipe plus équilibrée et plus polyvalente.

Par exemple, si vous êtes un expert en développement de produits mais que vous manquez de compétences en marketing, rechercher un cofondateur ou un partenaire qui excelle dans ce domaine peut être bénéfique. De cette manière, vous pouvez concentrer vos efforts sur vos forces pendant que votre partenaire gère les aspects où vous êtes moins expérimenté.

9.3. Stratégies pour Trouver et Approcher des Partenaires

Trouver les bons partenaires peut être un défi. Cependant, avec une approche stratégique, vous pouvez identifier et approcher des partenaires qui seront essentiels pour le succès de votre entreprise. Voici quelques stratégies pour **trouver des partenaires** et entamer des discussions fructueuses.

9.3.1. Réseautage et événements professionnels

Participer à des **événements de réseautage** est l'une des meilleures façons de rencontrer des partenaires potentiels. Les salons professionnels, les conférences, et les événements de l'industrie offrent des opportunités de rencontrer des personnes qui partagent vos intérêts et qui pourraient être intéressées par votre projet. Voici quelques astuces pour tirer le meilleur parti de ces événements :

- **Soyez proactif** : Ne soyez pas timide. Engagez des conversations avec les participants, même si ce sont de parfaits inconnus.
- **Ayez un pitch clair** : Préparez un court discours qui présente votre entreprise, votre vision et ce que vous recherchez chez un partenaire.
- **Écoutez attentivement** : Le réseautage ne consiste pas uniquement à présenter votre projet. Écoutez ce que les autres ont à dire et cherchez des points communs pour bâtir une relation.

Exemple : Si vous travaillez dans le secteur de la technologie, participer à un salon comme **VivaTech** ou **CES** peut être une excellente occasion de rencontrer des entreprises avec lesquelles vous pourriez nouer des partenariats stratégiques.

9.3.2. Utiliser les réseaux sociaux professionnels

Les **réseaux sociaux professionnels** comme LinkedIn sont des outils puissants pour identifier et contacter des partenaires potentiels. Vous pouvez utiliser ces plateformes pour rechercher des professionnels ayant les compétences et l'expertise que vous recherchez, tout en leur présentant votre projet. Voici comment utiliser LinkedIn de manière efficace :

- **Optimisez votre profil** : Assurez-vous que votre profil reflète clairement votre vision, votre entreprise et vos besoins. Un profil bien conçu attire plus d'attention.
- **Rejoignez des groupes de discussion pertinents** : LinkedIn dispose de nombreux groupes où les professionnels de divers secteurs échangent des idées et discutent de projets. Ces groupes sont une mine d'or pour trouver des partenaires potentiels.
- **Engagez des conversations** : N'hésitez pas à contacter directement des personnes qui vous semblent alignées avec votre projet. Soyez professionnel, mais aussi clair sur ce que vous recherchez dans un partenariat.

9.3.3. Tirer parti des incubateurs et accélérateurs

Les **incubateurs et accélérateurs** sont des programmes conçus pour aider les startups à se développer en leur offrant un soutien, des ressources et un accès à des réseaux de partenaires potentiels. Ces programmes sont souvent associés à des opportunités de mentorat, de financement et de collaboration avec d'autres entrepreneurs. En rejoignant un incubateur ou un accélérateur, vous bénéficiez d'un environnement propice pour bâtir votre réseau et rencontrer des partenaires potentiels.

Exemple : **Y Combinator** ou **Station F** sont des exemples d'accélérateurs réputés où les startups peuvent trouver des partenaires, des mentors et des investisseurs qui partagent leurs objectifs et leur vision.

9.3.4. Participer à des concours d'entrepreneuriat

Les **concours d'entrepreneuriat** sont une excellente plateforme pour présenter votre projet à un public plus large, y compris des partenaires potentiels. Ces concours offrent souvent des récompenses sous forme de financement ou d'accompagnement, mais ils permettent également de nouer des relations avec des acteurs influents de votre secteur.

Exemple : Des concours comme le **Prix Moovjee** en France ou le **Startupper de l'Année** par Total attirent non seulement des investisseurs, mais aussi des entreprises partenaires qui cherchent à collaborer avec des startups innovantes.

9.4. Établir des Bases Solides pour un Partenariat

Une fois que vous avez identifié des partenaires potentiels, il est essentiel de **mettre en place une base solide** pour que le partenariat soit durable et efficace. Les partenariats, comme toute relation professionnelle, doivent être basés sur une bonne communication, des attentes claires et des accords juridiques bien définis.

9.4.1. Définir des attentes et des objectifs clairs

Avant de vous engager dans un partenariat, il est essentiel de définir **clairement les attentes et les objectifs** de chaque partie. Cela garantit que tout le monde est sur la même longueur d'onde et que les responsabilités sont bien comprises. Voici quelques questions à clarifier avant de formaliser un partenariat :

* Quels sont les rôles et responsabilités de chaque partenaire ?
* Quels sont les objectifs à court et long terme du partenariat ?
* Comment sera mesurée la réussite du partenariat ?

Exemple : Si vous formez un partenariat avec un distributeur pour vos produits, vous devez préciser comment les ventes seront partagées, quelles seront les attentes en matière de distribution, et comment vous évaluerez les performances.

9.4.2. Formaliser le partenariat avec des contrats juridiques

Il est essentiel de **formaliser tous les partenariats** avec des contrats juridiques clairs. Ces contrats doivent définir les droits et les obligations de chaque partie, ainsi que les mécanismes de résolution des conflits. Même si vous avez une excellente relation avec votre partenaire, les contrats juridiques assurent une base solide pour éviter tout malentendu ou désaccord à l'avenir.

Un contrat de partenariat peut inclure :

* Les responsabilités spécifiques de chaque partie.
* La répartition des revenus ou des profits.
* Les mécanismes de sortie du partenariat en cas de besoin.
* Les clauses de non-concurrence ou de confidentialité.

9.4.3. Communication et collaboration régulière

Une communication ouverte et régulière est la clé d'un partenariat réussi. Une fois que le partenariat est formalisé, il est important de maintenir une **collaboration constante** avec vos partenaires. Organisez des réunions régulières pour discuter de l'avancement du projet, résoudre les problèmes éventuels et ajuster la stratégie si nécessaire.

9.5. Entretenir et Faire Évoluer les Partenariats

Le succès d'un partenariat ne se mesure pas uniquement dans ses premiers mois. Un **partenariat solide** doit être entretenu et, au fil du temps, adapté pour répondre aux besoins changeants de l'entreprise et du marché. Voici comment maintenir des relations fructueuses à long terme avec vos partenaires.

9.5.1. Maintenir la transparence et la confiance

La **transparence** est essentielle pour bâtir une relation de confiance avec vos partenaires. Soyez ouvert sur l'évolution de votre entreprise, les défis rencontrés et les opportunités à venir. Une communication honnête renforce la crédibilité et la solidité du partenariat.

9.5.2. Adapter les termes du partenariat selon l'évolution de l'entreprise

À mesure que votre entreprise grandit, il se peut que les besoins initiaux évoluent. Il est important de **réévaluer périodiquement** les termes du partenariat pour vous assurer qu'ils sont toujours adaptés aux objectifs actuels. Si nécessaire, adaptez les accords en fonction des nouveaux défis ou opportunités.

9.5.3. Explorer de nouvelles opportunités ensemble

Un partenariat réussi doit être **évolutif**. À mesure que votre entreprise grandit et que le marché change, continuez à explorer de nouvelles opportunités ensemble. Cela peut inclure le développement de nouveaux produits, l'expansion vers de nouveaux marchés, ou la création de synergies avec d'autres partenaires.

Le Pouvoir des Partenariats pour Réussir en Entrepreneuriat

Construire un réseau de partenaires est un pilier fondamental pour garantir la réussite d'une entreprise. Qu'il s'agisse de cofondateurs, de partenaires stratégiques, ou de mentors, les bons partenaires vous offrent des ressources, des compétences et un soutien précieux pour naviguer dans le monde de l'entrepreneuriat.

En suivant une stratégie claire pour identifier, approcher et formaliser des partenariats, vous pourrez non seulement mutualiser les ressources, mais aussi renforcer vos chances de succès à long terme. Entretenir ces relations au fil du temps permettra de faire évoluer votre entreprise tout en assurant sa résilience et sa croissance.

10.Monter un Business Plan Basique

L'une des étapes fondamentales lors de la création d'une entreprise, même lorsqu'on commence petit ou que l'on démarre sans financement immédiat, est de **rédiger un business plan**. Ce document ne doit pas être compliqué ou intimider un nouvel entrepreneur. En fait, un **business plan basique** peut être extrêmement simple tout en étant efficace. Il vous permet de structurer votre vision, de définir vos objectifs et de préparer des stratégies pour atteindre vos ambitions.

Un business plan n'est pas seulement destiné à convaincre des investisseurs ou des partenaires. Il sert également d'outil de **planification personnelle**. En le rédigeant, vous clarifiez votre stratégie de lancement, fixez des objectifs de revenus, et planifiez le développement de votre entreprise. Dans ce chapitre, nous allons détailler comment créer un business plan basique mais solide, en vous concentrant sur l'essentiel, tout en gardant de la flexibilité pour l'adapter au fur et à mesure que votre entreprise évolue.

10.1. Pourquoi Un Business Plan Est-il Essentiel ?

Beaucoup d'entrepreneurs débutants pensent que monter un business plan est une tâche fastidieuse et complexe, réservée uniquement aux grandes entreprises ou aux startups cherchant des financements importants. Pourtant, même un **business plan simple** est un outil précieux pour **organiser vos idées** et vous aider à garder une direction claire.

10.1.1. Structurer vos idées et priorités

Le processus de création d'un business plan vous oblige à **organiser vos pensées**, à clarifier vos idées et à définir vos priorités. Un projet entrepreneurial comporte de nombreuses variables, et un business plan vous permet de mettre de l'ordre dans ces informations. Il vous aide à visualiser les aspects cruciaux de votre entreprise, tels que votre produit, votre public cible, et vos stratégies de marketing.

10.1.2. Fixer des objectifs mesurables

Un bon business plan vous permet de **fixer des objectifs clairs et mesurables**. Que vous souhaitiez atteindre un certain nombre de clients, générer des revenus mensuels spécifiques ou lancer de nouveaux produits, le business plan vous aide à formaliser ces ambitions et à tracer un chemin pour les réaliser.

10.1.3. Évaluer les risques et prévoir des solutions

Lorsque vous planifiez la création d'une entreprise, il est important de **reconnaître les risques potentiels** et de prévoir des solutions. Le business plan vous permet d'identifier les défis auxquels vous pourriez être confronté et d'envisager des stratégies pour les surmonter.

10.1.4. Préparer le terrain pour des financements futurs

Même si vous ne cherchez pas de financement immédiat, avoir un business plan en place vous prépare à des **opportunités de financement futures**. Si un investisseur ou un partenaire s'intéresse à votre projet, avoir un plan structuré et clair est un excellent point de départ pour des discussions sérieuses.

10.2. Les Différentes Sections d'un Business Plan Basique

Créer un business plan simple ne signifie pas négliger des aspects importants. Au contraire, il s'agit de **se concentrer sur les éléments essentiels** et de présenter vos idées de manière concise et claire. Voici les sections clés d'un business plan basique :

10.2.1. Résumé exécutif

Le **résumé exécutif** est la première section de votre business plan, mais il est souvent rédigé en dernier. Il s'agit d'un aperçu rapide de votre projet, présentant les grandes lignes de votre entreprise. Ce résumé doit donner une idée claire de ce que fait votre entreprise, de ce qui la rend unique, et de vos objectifs à court et long terme.

Dans un business plan basique, le résumé exécutif doit être simple et ne doit pas dépasser une page. Il doit inclure :

- **Le nom de votre entreprise** et un bref aperçu de ce que vous proposez (produit ou service).
- **Votre mission** : Pourquoi avez-vous créé cette entreprise ? Quel problème cherchez-vous à résoudre ?
- **Vos objectifs principaux** : Par exemple, atteindre un certain niveau de ventes, conquérir un marché particulier, ou développer une nouvelle technologie.

Exemple : "Notre entreprise, **GreenTech Solutions**, développe des logiciels pour améliorer l'efficacité énergétique dans les bâtiments commerciaux. Notre mission est de réduire l'empreinte carbone des entreprises en rendant leur consommation d'énergie plus transparente et plus facile à optimiser. Nous visons un chiffre d'affaires de 500 000 euros d'ici la troisième année d'exploitation en capturant 10 % du marché des PME en France."

10.2.2. Description de l'entreprise

Cette section doit présenter de manière plus détaillée **qui vous êtes**, ce que vous faites et **les objectifs que vous poursuivez**. Dans un business plan simple, il est important de rester concis, mais vous pouvez inclure des informations sur :

- **Le type d'entreprise** : Est-ce une entreprise individuelle, une startup technologique, une société de services, etc. ?
- **La proposition de valeur unique (UVP)** : Qu'est-ce qui rend votre produit ou service différent de la concurrence ? Pourquoi les clients devraient-ils choisir votre solution ?
- **Les objectifs à court et long terme** : Par exemple, vous pouvez décrire où vous voyez votre entreprise dans un an ou dans trois ans.

Exemple : "GreenTech Solutions se spécialise dans le développement de logiciels de gestion énergétique pour les entreprises. Nous proposons une solution simple pour surveiller en temps réel la consommation d'énergie et optimiser l'utilisation des ressources. Notre objectif est de devenir un acteur incontournable dans le secteur de l'efficacité énergétique pour les PME en France."

10.2.3. Analyse du marché

Une analyse de marché basique vous permet de mieux comprendre votre secteur, vos concurrents et vos clients potentiels. Vous n'avez pas besoin d'une étude de marché approfondie pour un business plan simple, mais il est important de démontrer que vous avez fait vos recherches. Voici ce que vous pouvez inclure dans cette section :

- **Votre marché cible** : Qui sont vos clients ? Quel est leur profil démographique et psychographique ?
- **La taille du marché** : Quelle est la taille du marché que vous visez ? Par exemple, combien d'entreprises ont besoin de votre service ?
- **Analyse concurrentielle** : Qui sont vos principaux concurrents et comment allez-vous vous différencier d'eux ?

Exemple : "Le marché de l'efficacité énergétique en France représente environ 2,5 milliards d'euros, et notre cible initiale se compose de petites et moyennes entreprises. Actuellement, nos principaux concurrents sont EcoEnergy et Efficient Solutions, mais nous nous différencions par notre interface plus simple et notre tarification flexible, adaptée aux budgets des PME."

10.2.4. Produits et services

Dans cette section, vous allez **décrire vos produits ou services** de manière détaillée. Vous devez expliquer comment votre offre répond à un besoin spécifique sur le marché et quelles sont les fonctionnalités ou les caractéristiques principales qui la rendent attrayante.

Voici ce que vous pouvez inclure :

- **Description du produit ou service** : Expliquez ce que vous proposez, les principales caractéristiques, et pourquoi il est utile.
- **Les avantages pour les clients** : Quels sont les bénéfices concrets que vos clients tireront de votre produit ?
- **La tarification** : Donnez un aperçu de votre modèle de tarification. Est-ce un abonnement mensuel ? Un tarif unique ? Une facturation à l'usage ?

Exemple : "Notre logiciel GreenTech Monitor permet aux PME de suivre en temps réel leur consommation d'énergie à travers une plateforme conviviale. Les entreprises peuvent identifier les gaspillages énergétiques, recevoir des recommandations pour optimiser leur consommation, et générer des rapports automatiques pour se conformer aux réglementations en vigueur. Nous proposons un abonnement mensuel à partir de 99 euros, avec des fonctionnalités supplémentaires accessibles via des plans premium."

10.2.5. Stratégie de marketing et de vente

Votre **stratégie de marketing et de vente** est essentielle pour expliquer comment vous allez attirer et fidéliser vos clients. Dans un business plan basique, cette section doit se concentrer sur les actions concrètes que vous allez mettre en place pour promouvoir votre produit et générer des ventes.

Voici ce que cette section doit contenir :

- **Stratégie de marketing** : Quels canaux de communication allez-vous utiliser pour promouvoir votre produit ? Par exemple, vous pouvez vous concentrer sur les réseaux sociaux, le marketing de contenu, ou la publicité payante.
- **Acquisition de clients** : Comment allez-vous acquérir vos premiers clients ? Quelle sera votre stratégie pour élargir votre clientèle à long terme ?
- **Objectifs de vente** : Fixez des objectifs clairs pour vos ventes. Combien de clients espérez-vous attirer dans les six premiers mois ? Quels revenus prévoyez-vous générer à court et à long terme ?

Exemple : "Nous prévoyons de lancer notre stratégie de marketing digital en nous concentrant sur les réseaux sociaux professionnels comme LinkedIn, ainsi que sur la création de contenu informatif via notre blog et des webinaires sur l'efficacité énergétique. Nous avons pour objectif d'acquérir 100 abonnés au cours des trois premiers mois grâce à une campagne de lancement avec des offres promotionnelles."

10.2.6. Structure et équipe

Même si vous démarrez seul ou avec un petit groupe de collaborateurs, il est important de **présenter la structure de votre entreprise** et de mentionner les personnes qui sont impliquées dans le projet. Si vous êtes en recherche de cofondateurs ou de partenaires clés, cette section doit le mentionner également.

Voici ce que vous pouvez inclure dans cette section :

- **Présentation de l'équipe** : Qui sont les membres clés de votre équipe ? Quelles sont leurs compétences principales ?
- **Rôles et responsabilités** : Quelles sont les responsabilités de chacun au sein de l'entreprise ?
- **Besoins en personnel** : Si vous avez besoin de recruter à court ou moyen terme, précisez-le.

Exemple : "L'équipe fondatrice de GreenTech Solutions est composée de Marc Dupont, expert en développement de logiciels, et de Sarah Martin, spécialiste du marketing digital. À court terme, nous envisageons de recruter un ingénieur en efficacité énergétique pour renforcer notre expertise technique."

10.2.7. Plan financier

Même un business plan basique doit inclure un **plan financier**, ne serait-ce que pour donner une idée claire de vos projections de revenus, de vos coûts initiaux et de vos besoins financiers. Vous n'avez pas besoin de produire des prévisions financières complexes, mais il est important de montrer que vous avez réfléchi à la **viabilité économique** de votre projet.

Voici ce que cette section peut contenir :

- **Prévisions de revenus** : Combien espérez-vous gagner dans les 12 premiers mois ? Quelle est votre estimation à trois ans ?
- **Dépenses initiales** : Quels sont vos coûts de démarrage (équipement, marketing, développement du produit, etc.) ?
- **Seuil de rentabilité** : À quel moment prévoyez-vous atteindre votre seuil de rentabilité ? C'est-à-dire, à partir de quand vos revenus couvriront-ils vos dépenses ?
- **Sources de financement** : Si vous avez besoin de financements externes, mentionnez combien vous espérez lever et comment vous prévoyez d'utiliser ces fonds.

Exemple : "Nous prévoyons d'atteindre un chiffre d'affaires de 200 000 euros au cours de la première année, en augmentant progressivement à 500 000 euros d'ici la troisième année. Les coûts de démarrage incluent 20 000 euros pour le développement logiciel, 10 000 euros pour le marketing initial, et 5 000 euros pour la location de bureaux partagés. Nous espérons atteindre le seuil de rentabilité au cours de la deuxième année."

10.3. Adaptez et Faites Évoluer Votre Business Plan

Un business plan n'est jamais gravé dans le marbre. C'est un document vivant qui doit être **adapté** et **évoluer** au fur et à mesure que votre entreprise se développe et que vous acquérez de nouvelles informations sur le marché ou vos clients. Voici quelques conseils pour **garder votre business plan à jour** :

10.3.1. Réévaluer régulièrement vos objectifs

Il est important de **réévaluer régulièrement vos objectifs** à mesure que votre entreprise progresse. Vous pouvez ajuster vos objectifs de revenus, revoir vos prévisions financières, ou modifier vos priorités en fonction de vos résultats.

10.3.2. Ajuster votre stratégie de marketing

Votre stratégie de marketing doit également évoluer en fonction des retours de vos clients et des performances de vos campagnes. Par exemple, si vous découvrez qu'un canal fonctionne mieux qu'un autre, vous pouvez ajuster votre budget marketing et concentrer vos efforts sur ce canal.

10.3.3. Adapter vos projections financières

Les **prévisions financières** sont souvent incertaines, surtout lors des premiers mois d'activité. Vous devrez ajuster vos projections en fonction de vos résultats réels, afin d'avoir une vision plus précise de la croissance de votre entreprise.

Un Business Plan Basique Comme Feuille de Route

Monter un business plan basique est une étape cruciale pour clarifier votre vision, fixer des objectifs mesurables et structurer votre stratégie de lancement. Même avec un plan simple, vous serez mieux préparé pour affronter les défis de l'entrepreneuriat, car vous aurez une feuille de route qui guide vos actions.

Le business plan n'est pas figé, il évolue avec votre entreprise. En adoptant une approche flexible et en ajustant régulièrement votre plan en fonction des retours et des performances, vous pouvez maximiser vos chances de réussite.

11.Créer une Identité de Marque Forte

L'identité de marque est bien plus qu'un simple logo ou un nom d'entreprise. Elle représente l'âme et la personnalité de votre entreprise, ce qui vous différencie de vos concurrents et ce qui vous rend reconnaissable et mémorable aux yeux de vos clients. Une **identité de marque forte** est cruciale pour attirer, engager et fidéliser une clientèle cible. Elle permet de créer un lien émotionnel avec vos clients, de communiquer vos valeurs et de positionner votre entreprise de manière unique sur le marché.

Dans ce chapitre, nous allons explorer en détail **comment créer une identité de marque forte et cohérente**. Nous examinerons les éléments essentiels comme le nom de marque, le logo, la palette de couleurs, la typographie, et le ton de communication, ainsi que les stratégies pour s'assurer que votre identité de marque attire et résonne avec votre public cible.

11.1. L'Importance d'une Identité de Marque Forte

Une **identité de marque cohérente** est un outil puissant pour créer une reconnaissance et une loyauté durable. Les clients sont plus enclins à faire confiance à une entreprise qui présente une image professionnelle, réfléchie, et qui exprime des valeurs qui leur sont familières ou attractives. Voici pourquoi une identité de marque solide est essentielle :

11.1.1. Se différencier de la concurrence

Le marché, quel que soit le secteur, est souvent saturé avec une multitude d'entreprises qui proposent des produits ou des services similaires. L'identité de marque vous aide à **vous différencier de vos concurrents** en créant une image unique et mémorable. Par exemple, la manière dont vous présentez votre produit, le choix des couleurs, le style de communication et même votre nom de marque peuvent aider votre entreprise à se démarquer.

11.1.2. Créer une connexion émotionnelle avec les clients

Les marques fortes réussissent à **créer une connexion émotionnelle** avec leur clientèle. Cette connexion pousse les consommateurs à faire confiance à la marque et à revenir, encore et encore. Votre identité de marque doit communiquer vos valeurs, vos engagements, et la manière dont vous répondez aux besoins de vos clients. Si votre marque reflète des valeurs auxquelles vos clients s'identifient, ils seront plus susceptibles de rester fidèles.

11.1.3. Favoriser la reconnaissance et la fidélité

Une identité de marque cohérente crée de la **reconnaissance** : plus les gens voient votre logo, votre nom, ou entendent votre slogan, plus ils vous associent à des expériences positives. À long terme, cela contribue à bâtir la fidélité des clients et à encourager les recommandations de bouche à oreille. Plus votre identité est mémorable et cohérente, plus elle aura d'impact.

11.1.4. Faciliter la communication de vos valeurs

Enfin, une identité de marque solide vous aide à **communiquer vos valeurs** de manière efficace. Que ce soit des engagements envers la durabilité, l'innovation, ou l'inclusion, votre identité de marque doit refléter ces valeurs à travers chaque point de contact avec le client, depuis votre logo jusqu'à vos publications sur les réseaux sociaux.

11.2. Développer un Nom de Marque Impactant

Le **nom de marque** est souvent le premier élément que les clients potentiels découvriront à propos de votre entreprise. Il est donc essentiel de choisir un nom qui reflète non seulement ce que vous faites, mais aussi ce que vous représentez.

11.2.1. Critères pour choisir un bon nom de marque

Le nom de votre entreprise doit être à la fois unique et mémorable, tout en restant facile à prononcer et à épeler. Voici quelques critères à prendre en compte lors du choix de votre nom de marque :

- **Simplicité et clarté** : Un nom simple, court et facile à retenir est plus susceptible de marquer les esprits. Il doit être compréhensible par votre public cible.
- **Évocateur** : Le nom doit évoquer une émotion ou une idée qui est liée à votre produit ou service. Il doit aussi communiquer implicitement la valeur ou l'identité de votre marque.
- **Pertinent** : Il doit être pertinent par rapport à votre activité et à vos valeurs, tout en étant intemporel et adaptable si votre entreprise se développe dans de nouveaux secteurs.
- **Disponibilité** : Assurez-vous que le nom est disponible en tant que domaine web et sur les réseaux sociaux. Il doit également être protégé juridiquement (vérifiez les droits d'utilisation).

11.2.2. Exemples de noms de marque réussis

Prenons quelques exemples de marques dont le nom est simple mais porteur de sens et facile à retenir :

- **Apple** : Un nom simple qui n'est pas directement lié à la technologie, mais qui évoque l'idée de simplicité, de nature, et d'accessibilité.
- **Nike** : Inspiré de la déesse grecque de la victoire, le nom incarne l'idée de performance et de réussite.
- **Dropbox** : Un nom descriptif qui explique simplement le service offert — un endroit où "déposer" des fichiers en ligne.

Le choix du bon nom de marque demande du temps et de la réflexion, mais il en vaut la peine, car il deviendra l'un des éléments centraux de votre identité.

11.3. Créer un Logo Représentatif

Le **logo** est l'élément visuel le plus important de votre identité de marque. Il est souvent la première chose que les gens voient lorsqu'ils découvrent votre entreprise, que ce soit sur votre site web, vos produits ou vos communications marketing. Il doit représenter votre marque de manière unique et mémorable.

11.3.1. Les caractéristiques d'un bon logo

Un bon logo doit être :

- **Simple** : La simplicité est essentielle pour que le logo soit facilement reconnaissable, même lorsqu'il est réduit à de petites tailles.
- **Mémorable** : Un logo mémorable est distinctif et unique, ce qui permet à vos clients de se souvenir facilement de votre marque.
- **Polyvalent** : Il doit pouvoir être utilisé dans différents formats, sur différents supports, et à différentes échelles (sites web, emballages, publicités, etc.).
- **Pertinent** : Le logo doit être pertinent pour votre secteur d'activité et refléter votre identité de marque.

11.3.2. Processus de création d'un logo

Créer un logo demande du temps et de la créativité. Voici les principales étapes pour concevoir un logo impactant :

1. **Comprendre votre marque** : Avant de commencer à concevoir un logo, vous devez comprendre ce que votre marque représente. Quelles sont vos valeurs, votre mission et les émotions que vous voulez transmettre ?

2. **Rechercher des inspirations** : Recherchez des logos dans votre secteur ou d'autres domaines pour voir ce qui fonctionne et ce qui vous plaît. Cela vous donnera des idées pour concevoir un logo qui se distingue.

3. **Choisir un style de logo** : Il existe plusieurs types de logos, allant du simple logotype (texte uniquement) aux logos plus abstraits ou figuratifs. Choisissez un style qui correspond à l'image que vous souhaitez projeter.

4. **Travailler avec un designer professionnel** : Si vous n'avez pas d'expérience en design graphique, il est souvent préférable de faire appel à un professionnel pour créer un logo. Cela garantit une qualité professionnelle et une bonne exécution technique.

Exemple : Le logo de **Nike**, avec son célèbre "swoosh", est l'exemple parfait d'un logo simple, mémorable, et polyvalent. Ce symbole est immédiatement reconnaissable et évoque le mouvement, la vitesse et la fluidité.

11.4. Développer une Palette de Couleurs Cohérente

La **palette de couleurs** que vous choisissez pour votre marque joue un rôle essentiel dans l'identité visuelle de votre entreprise. Les couleurs évoquent des émotions et des associations spécifiques, et elles peuvent influencer la manière dont les gens perçoivent votre marque.

11.4.1. Signification des couleurs dans le branding

Chaque couleur a une signification et un impact émotionnel particulier. Voici quelques exemples de ce que les couleurs peuvent signifier dans le branding :

- **Rouge** : Évoque l'énergie, la passion, et l'urgence. Souvent utilisé pour des marques dynamiques ou qui souhaitent attirer l'attention rapidement.
- **Bleu** : Transmet la confiance, la stabilité et le professionnalisme. C'est une couleur souvent choisie par les entreprises technologiques et financières.
- **Vert** : Représente la nature, la santé, et la durabilité. Idéal pour les marques éco-responsables ou celles liées à la santé.
- **Noir** : Symbolise le luxe, l'élégance et le pouvoir. Souvent utilisé par les marques haut de gamme ou minimalistes.

11.4.2. Choisir une palette de couleurs cohérente

Lorsque vous développez une palette de couleurs pour votre marque, il est important de choisir des couleurs qui sont en accord avec vos valeurs et votre secteur d'activité. Une **palette cohérente** comprend généralement une couleur principale, une ou deux couleurs secondaires, et des couleurs neutres (comme le noir, le blanc ou le gris) pour équilibrer le tout.

Exemple : La palette de couleurs de **Coca-Cola** utilise principalement le rouge et le blanc, ce qui crée une identité forte et reconnaissable instantanément. Le rouge évoque l'énergie et la passion, tandis que le blanc assure un contraste visuel efficace.

11.5. Définir une Typographie Unique

La **typographie** est un autre élément clé de votre identité visuelle. Elle joue un rôle dans la lisibilité de votre message, mais elle contribue également à la perception générale de votre marque. Que vous choisissiez une typographie audacieuse, élégante, ou ludique, elle doit être en cohérence avec votre marque.

11.5.1. Choisir une typographie adaptée à votre marque

Lorsque vous choisissez une typographie pour votre marque, vous devez tenir compte de la personnalité que vous voulez projeter. Voici quelques conseils pour faire le bon choix :

- **Assurez-vous de la lisibilité** : La première priorité est que votre typographie soit facilement lisible, que ce soit sur des supports numériques ou imprimés.
- **Reflétez la personnalité de la marque** : La typographie doit être en harmonie avec votre image de marque. Une typographie moderne et épurée conviendra à une marque technologique, tandis qu'une typographie plus artistique et manuscrite conviendra peut-être à une marque créative ou artisanale.
- **Utiliser une combinaison de polices** : Vous pouvez utiliser une police principale pour le logo et les titres, et une police secondaire pour les textes plus longs. Cette variation permet de créer une hiérarchie visuelle tout en maintenant une certaine cohérence.

Exemple : La typographie utilisée par **Google** est simple, moderne et sans empattement, ce qui correspond parfaitement à l'image d'une entreprise technologique innovante.

11.6. Développer un Ton de Communication Cohérent

L'identité de marque ne se limite pas aux éléments visuels. Le **ton de communication** est également un aspect important qui détermine comment votre marque parle à ses clients. Ce ton doit être cohérent à travers tous les canaux, qu'il s'agisse de votre site web, des réseaux sociaux, des publicités, ou des emails.

11.6.1. Trouver votre voix de marque

Votre ton de communication doit refléter la personnalité de votre marque et être adapté à votre audience cible. Voici quelques exemples de tons de marque différents :

- **Ton professionnel et sérieux** : Si vous travaillez dans un secteur comme la finance ou le droit, votre ton doit refléter la confiance et la crédibilité.
- **Ton amical et accessible** : Pour une marque orientée vers les jeunes ou les consommateurs de produits de grande consommation, un ton convivial et décontracté peut être plus approprié.
- **Ton inspirant ou audacieux** : Les marques de lifestyle ou d'innovation peuvent opter pour un ton inspirant qui motive les clients à agir ou à changer leur vie.

11.6.2. Appliquer le ton de communication à tous les canaux

Une fois que vous avez défini votre ton de marque, vous devez l'appliquer de manière cohérente à travers tous les canaux de communication. Cela inclut :

- Votre **site web** et vos **pages de produits**.
- Vos **publications sur les réseaux sociaux**.
- Votre **service client**, que ce soit via des emails, des chats ou des appels.
- Vos **campagnes de publicité**.

Exemple : La marque **Innocent** (jus de fruits) utilise un ton léger et humoristique dans toutes ses communications, que ce soit sur ses emballages ou sur ses réseaux sociaux, créant ainsi une relation amicale avec ses consommateurs.

11.7. Créer une Cohérence Globale

Enfin, la clé d'une identité de marque forte réside dans la **cohérence**. Chaque aspect de votre marque — du logo à la palette de couleurs en passant par le ton de communication — doit être cohérent et refléter les mêmes valeurs et la même personnalité. Cette cohérence renforce la reconnaissance de votre marque et permet aux clients de la percevoir comme une entité solide et fiable.

11.7.1. Assurer la cohérence à travers tous les points de contact

Pour maintenir la cohérence, assurez-vous que chaque point de contact entre votre marque et vos clients reflète les mêmes principes d'identité. Cela inclut non seulement votre branding en ligne, mais aussi les expériences en magasin (si applicable), les supports imprimés, et même la manière dont vos produits sont emballés et livrés.

11.7.2. Créer un guide de style de marque

Un **guide de style de marque** est un document qui réunit tous les éléments de votre identité de marque et qui définit des règles pour leur utilisation. Ce guide inclut des directives sur l'utilisation du logo, des couleurs, de la typographie et du ton de communication. Il permet de s'assurer que votre identité reste cohérente, même si vous travaillez avec différents designers, agences ou équipes marketing.

Une Identité de Marque Forte pour Se Démarquer

Créer une **identité de marque forte** est un processus essentiel pour établir votre entreprise et attirer votre clientèle cible. Cela implique de développer un nom de marque pertinent, un logo reconnaissable, une palette de couleurs cohérente, une typographie distincte, et un ton de communication adapté à votre public.

Une identité de marque bien définie permet à votre entreprise de se différencier, de communiquer efficacement avec ses clients, et de créer des relations de confiance à long terme. En assurant la cohérence de tous les éléments de votre marque, vous construisez une image solide et durable, capable de résister aux défis du marché.

12.Tirer Parti des Outils Gratuits pour Démarrer

Lorsque vous démarrez une entreprise avec peu ou pas de financement, l'un des plus grands défis est de trouver les ressources pour gérer efficacement vos activités tout en limitant les coûts. Heureusement, il existe aujourd'hui de nombreux **outils gratuits ou à faible coût** qui peuvent vous aider à structurer, gérer et faire croître votre entreprise sans nécessiter un budget énorme. Ces outils peuvent vous permettre de **créer un site web professionnel**, de gérer vos communications, d'optimiser vos processus et d'améliorer la collaboration au sein de votre équipe.

Dans ce chapitre, nous allons explorer différentes catégories d'outils gratuits ou abordables qui peuvent jouer un rôle crucial pour un entrepreneur débutant. Nous examinerons comment utiliser ces outils pour **maximiser vos ressources**, automatiser certaines tâches et vous concentrer sur ce qui compte vraiment : faire avancer votre projet. Grâce à ces solutions, vous pourrez poser les bases solides de votre entreprise tout en maîtrisant vos coûts.

12.1. Pourquoi Utiliser des Outils Gratuits ou à Bas Coût ?

Avant de plonger dans les catégories spécifiques d'outils, il est important de comprendre pourquoi il est judicieux pour un entrepreneur débutant d'utiliser des **outils gratuits** ou à faible coût. Le démarrage d'une entreprise est souvent synonyme de ressources limitées, et ces solutions peuvent vous offrir un soutien précieux sans grever votre budget.

12.1.1. Minimiser les coûts de démarrage

Démarrer une entreprise implique un certain nombre de **coûts initiaux**, comme l'enregistrement de la société, les fournitures, la création de produits, et éventuellement des dépenses en marketing. En utilisant des outils gratuits ou abordables, vous pouvez réduire ces dépenses et réinvestir vos ressources dans des domaines plus stratégiques, comme le développement de votre produit ou l'acquisition de clients.

12.1.2. Automatiser et simplifier les tâches quotidiennes

Les outils gratuits et peu coûteux sont souvent conçus pour **automatiser** certaines tâches fastidieuses ou répétitives, ce qui vous permet de gagner du temps. Par exemple, des outils de gestion de projet ou de marketing peuvent simplifier la planification et l'exécution de vos campagnes, vous laissant plus de temps pour vous concentrer sur des aspects créatifs ou stratégiques de votre entreprise.

12.1.3. Accélérer la croissance grâce à des outils accessibles

Beaucoup d'outils gratuits offrent des fonctionnalités avancées qui peuvent aider votre entreprise à se développer rapidement. Que ce soit pour créer un site web, gérer vos relations clients, ou promouvoir vos produits en ligne, ces solutions vous permettent de **structurer votre activité** de manière professionnelle dès le départ.

12.2. Outils pour Créer un Site Web Professionnel

Votre site web est souvent la **vitrine de votre entreprise**, la première impression que vos clients auront de vous. Heureusement, il existe de nombreux outils gratuits et abordables pour vous aider à créer un site web professionnel sans avoir à embaucher un développeur.

12.2.1. Wix et WordPress

Deux des plateformes les plus populaires pour créer un site web sont **Wix** et **WordPress**. Ces plateformes offrent des options gratuites ou peu coûteuses, tout en permettant une grande personnalisation de votre site.

- **Wix** : Wix est une plateforme de création de site web par glisser-déposer, idéale pour les utilisateurs qui n'ont pas de compétences techniques. Elle propose une version gratuite qui inclut toutes les fonctionnalités de base pour créer un site fonctionnel. Les utilisateurs peuvent également choisir parmi des centaines de **templates** pour créer un site attrayant en quelques heures.
- **WordPress** : WordPress est une autre plateforme populaire, particulièrement adaptée aux utilisateurs qui souhaitent plus de flexibilité et de contrôle. Avec WordPress.com, vous pouvez créer un site gratuitement avec une URL spécifique à WordPress, tandis que WordPress.org vous permet de télécharger des **plugins** pour ajouter des fonctionnalités avancées.

12.2.2. Strikingly et Weebly

Si vous cherchez une solution simple pour **créer un site d'une seule page** ou un portfolio en ligne, **Strikingly** et **Weebly** sont deux excellentes options. Ces plateformes proposent des versions gratuites qui vous permettent de lancer un site rapidement, avec un design épuré.

- **Strikingly** : Idéal pour créer des sites "one-page", cette plateforme est rapide à prendre en main et ne nécessite pas de compétences en codage. Strikingly offre des **modèles adaptés aux mobiles**, garantissant une expérience utilisateur fluide.
- **Weebly** : Weebly propose des outils simples pour créer un site professionnel ou une boutique en ligne. La version gratuite de Weebly inclut un **hébergement** et une **sécurité SSL**, ce qui est important pour établir la confiance auprès de vos clients.

12.2.3. Google My Business et Carrd

Pour les entrepreneurs locaux ou les petites entreprises qui souhaitent renforcer leur présence en ligne sans créer un site web complet, **Google My Business** et **Carrd** sont des options pertinentes.

- **Google My Business** : Cet outil gratuit vous permet de **créer un profil d'entreprise** qui apparaît dans les recherches Google et Google Maps. C'est un excellent moyen d'attirer des clients locaux et de leur fournir des informations essentielles telles que votre adresse, vos horaires d'ouverture et vos coordonnées.

- **Carrd** : Si vous avez besoin d'une simple page de présentation, Carrd est une solution efficace. Vous pouvez créer un site web d'une seule page avec un design minimaliste et ajouter vos informations clés, comme un formulaire de contact ou un lien vers vos réseaux sociaux.

12.3. Outils de Gestion de la Communication

Une communication claire et fluide est essentielle pour une entreprise, que ce soit pour échanger avec des clients, des fournisseurs, ou des collaborateurs. Il existe plusieurs outils gratuits qui facilitent la **gestion de la communication** et permettent de centraliser les échanges.

12.3.1. Gmail et Outlook

Pour les entrepreneurs en démarrage, **Gmail** et **Outlook** sont des plateformes incontournables pour la gestion des emails. Les deux services offrent des versions gratuites robustes avec des fonctionnalités de base suffisantes pour une petite entreprise.

- **Gmail** : En plus de fournir une adresse email professionnelle gratuite, Gmail est intégré avec de nombreux autres outils Google tels que Google Drive, Google Docs, et Google Calendar, ce qui facilite la gestion de vos communications et de votre organisation quotidienne.
- **Outlook** : Microsoft Outlook propose également une version gratuite, avec un **calendrier intégré**, des outils de gestion des contacts, et des fonctionnalités de collaboration via Microsoft Teams ou OneDrive.

12.3.2. Slack pour la Communication en Équipe

Pour les équipes qui travaillent à distance ou en mode hybride, **Slack** est une plateforme gratuite idéale pour la **communication en temps réel**. Elle permet de centraliser les échanges par projet, grâce à des canaux de discussion, et d'intégrer des outils comme Google Drive, Trello ou Asana.

- **Version gratuite** : Slack propose une version gratuite qui permet de créer plusieurs canaux de discussion, de partager des fichiers, et d'effectuer des appels vocaux ou vidéo. C'est un outil efficace pour assurer une collaboration fluide au sein d'une équipe sans avoir besoin de se déplacer constamment.

12.3.3. Zoom et Google Meet pour les réunions en ligne

Avec l'essor du travail à distance, les outils de visioconférence sont devenus essentiels. Deux des plateformes les plus populaires sont **Zoom** et **Google Meet**, qui offrent toutes deux des versions gratuites adaptées aux petites entreprises.

- **Zoom** : En version gratuite, Zoom permet d'organiser des réunions en ligne avec jusqu'à 100 participants pendant 40 minutes. C'est une solution idéale pour organiser des réunions avec des clients, des collaborateurs, ou des partenaires à distance.

- **Google Meet** : Google Meet est entièrement gratuit pour les utilisateurs de Gmail. Il permet d'organiser des réunions illimitées avec une interface simple et conviviale, tout en étant bien intégré aux autres outils Google.

12.4. Outils de Gestion de Projets et d'Organisation

La gestion de projets est essentielle pour toute entreprise, surtout lorsqu'il s'agit de coordonner des équipes ou de suivre les étapes de développement d'un produit. Heureusement, il existe plusieurs outils gratuits pour vous aider à rester organisé.

12.4.1. Trello et Asana pour la Gestion de Projets

Trello et **Asana** sont deux plateformes populaires pour la **gestion de projets**. Elles vous permettent de planifier, organiser et suivre l'avancement de vos tâches tout en collaborant avec votre équipe.

- **Trello** : Trello fonctionne avec des **tableaux Kanban** où vous pouvez créer des cartes pour chaque tâche, les organiser en listes et les assigner à différents membres de l'équipe. La version gratuite offre des fonctionnalités suffisantes pour une gestion de projet efficace, notamment la création de plusieurs tableaux et la gestion des deadlines.
- **Asana** : Asana est une plateforme de gestion de tâches plus structurée, adaptée aux équipes qui ont besoin d'une vue d'ensemble plus détaillée. La version gratuite permet de gérer jusqu'à 15 collaborateurs, d'attribuer des tâches et de suivre les progrès avec des **calendriers** et des **chronologies**.

12.4.2. Notion pour la Productivité et la Documentation

Notion est un outil multifonctionnel qui combine la **prise de notes**, la **gestion de projets**, et la **création de bases de données** dans une seule interface. Cet outil gratuit permet de créer des pages et des espaces de travail personnalisés pour organiser vos idées, projets, et documents.

Exemples d'utilisation de Notion :

- Créer une **bibliothèque de ressources** pour votre équipe.
- Planifier vos tâches hebdomadaires ou mensuelles.
- Documenter les processus internes de votre entreprise.

12.4.3. Google Drive et Dropbox pour le Stockage et le Partage de Fichiers

Le **stockage en ligne** est une nécessité pour partager et accéder à vos fichiers à distance. Deux outils gratuits largement utilisés sont **Google Drive** et **Dropbox**.

- **Google Drive** : Google Drive offre 15 Go de stockage gratuit et permet de stocker, partager et collaborer sur des fichiers en temps réel. Il s'intègre parfaitement avec d'autres outils Google, comme Docs et Sheets, pour une gestion fluide des documents.
- **Dropbox** : Dropbox offre une version gratuite avec 2 Go de stockage, idéale pour partager des fichiers volumineux et collaborer avec d'autres utilisateurs. Sa

simplicité en fait une excellente option pour le partage de fichiers entre membres d'une équipe.

12.5. Outils pour Gérer le Marketing et les Réseaux Sociaux

Le marketing est un aspect crucial de toute entreprise, et il est important de bien gérer votre présence en ligne pour attirer des clients potentiels. Il existe plusieurs outils gratuits pour **gérer vos réseaux sociaux**, planifier vos publications, et analyser les performances de vos campagnes.

12.5.1. Buffer et Hootsuite pour la Gestion des Réseaux Sociaux

Buffer et **Hootsuite** sont deux outils populaires pour **planifier et automatiser les publications sur les réseaux sociaux**. Ils permettent de gérer plusieurs comptes à partir d'une seule interface, ce qui est essentiel pour les entrepreneurs qui n'ont pas de temps à consacrer à la gestion quotidienne des réseaux sociaux.

- **Buffer** : La version gratuite de Buffer vous permet de programmer jusqu'à 10 publications par compte social, ce qui est suffisant pour une petite entreprise qui commence. Vous pouvez gérer vos comptes Twitter, Facebook, Instagram, LinkedIn, et Pinterest.
- **Hootsuite** : Hootsuite offre des fonctionnalités similaires, mais avec une interface plus détaillée pour analyser les performances de vos publications. La version gratuite vous permet de gérer trois comptes sociaux et de programmer des messages à l'avance.

12.5.2. Canva pour la Création de Visuels

Canva est un outil de création graphique en ligne qui propose une version gratuite avec un grand nombre de **modèles et d'éléments graphiques**. Vous pouvez l'utiliser pour créer des visuels pour vos réseaux sociaux, des brochures, des logos, et des présentations professionnelles sans avoir besoin de compétences en design.

- **Canva gratuit** : Avec Canva, vous pouvez accéder à des centaines de modèles prédéfinis pour les publications sur Instagram, Facebook ou les bannières de sites web. Il offre également des outils de retouche photo simples et efficaces.

12.5.3. Mailchimp pour les Campagnes Emailing

Mailchimp est une plateforme d'**email marketing** qui offre une version gratuite pour les petites entreprises. Vous pouvez l'utiliser pour créer des **campagnes d'emailing**, gérer vos listes de contacts, et suivre les performances de vos campagnes.

- **Mailchimp gratuit** : La version gratuite permet de gérer jusqu'à 2 000 contacts et d'envoyer 10 000 emails par mois, ce qui est suffisant pour démarrer vos premières campagnes d'emailing. Mailchimp propose également des **modèles d'emails** et des outils d'analyse pour suivre l'engagement des utilisateurs.

12.6. Outils pour Suivre les Performances et Analyser les Données

Mesurer l'efficacité de vos efforts marketing et comprendre le comportement de vos clients est crucial pour optimiser votre stratégie. Il existe plusieurs outils gratuits pour **analyser vos données** et améliorer la performance de votre entreprise.

12.6.1. Google Analytics pour le Suivi de Trafic Web

Google Analytics est un outil gratuit et puissant pour suivre le **trafic de votre site web**. Il vous permet de savoir combien de visiteurs arrivent sur votre site, quelles pages sont les plus consultées, et comment vos utilisateurs interagissent avec votre contenu.

- **Google Analytics gratuit** : Vous pouvez installer Google Analytics gratuitement sur votre site web pour avoir une vue d'ensemble des performances. C'est un outil essentiel pour optimiser votre site, améliorer le SEO, et mieux comprendre les comportements de vos utilisateurs.

12.6.2. Google Search Console pour l'Optimisation SEO

Google Search Console est un autre outil gratuit proposé par Google qui vous aide à améliorer votre **référencement naturel** (SEO) en surveillant la manière dont votre site est indexé et classé par Google.

- **Google Search Console gratuit** : Il vous fournit des informations sur les mots-clés pour lesquels votre site est classé, les performances de vos pages, et les erreurs d'indexation qui pourraient nuire à votre classement. Vous pouvez ainsi optimiser vos contenus pour attirer plus de trafic organique.

12.7. Gérer les Finances avec des Outils Gratuits

La gestion financière est une partie cruciale de la gestion d'une entreprise. Plusieurs outils gratuits ou peu coûteux peuvent vous aider à **gérer vos finances**, suivre vos dépenses et revenus, et assurer une comptabilité claire.

12.7.1. Wave pour la Comptabilité

Wave est un logiciel de comptabilité gratuit qui permet de **suivre vos finances**, d'envoyer des factures et de gérer vos dépenses sans frais pour les petites entreprises. Wave est particulièrement utile pour les entrepreneurs indépendants ou les petites équipes qui n'ont pas encore besoin d'un logiciel de comptabilité complexe.

- **Wave gratuit** : Wave offre des fonctionnalités de comptabilité de base telles que la gestion des factures, le suivi des revenus et des dépenses, et l'importation de transactions bancaires.

12.7.2. QuickBooks Self-Employed pour les Freelances

Pour les freelances et les entrepreneurs individuels, **QuickBooks Self-Employed** propose une version gratuite ou abordable qui vous permet de gérer vos revenus et dépenses de manière simple. Cet outil aide également à **calculer les taxes** et à générer des rapports financiers.

Maximiser Vos Ressources avec des Outils Gratuits

Utiliser des **outils gratuits ou à bas coût** peut jouer un rôle essentiel dans la réussite de votre entreprise. Non seulement ils vous permettent de **gérer vos processus** de manière professionnelle dès le début, mais ils vous permettent également de rester flexible et de limiter vos dépenses, ce qui est crucial dans les premières phases de développement d'une entreprise.

En tirant parti de ces ressources, vous pouvez créer une **infrastructure solide** tout en vous concentrant sur ce qui est vraiment important : développer votre produit, attirer vos premiers clients, et faire croître votre entreprise.

13.Lancer Votre Entreprise sur les Réseaux Sociaux

Dans le monde d'aujourd'hui, les **réseaux sociaux** jouent un rôle essentiel dans la stratégie de lancement et de croissance des entreprises. Que vous soyez une petite entreprise, une startup ou même un entrepreneur indépendant, une présence active et bien gérée sur les réseaux sociaux peut considérablement augmenter votre visibilité, attirer de nouveaux clients et vous aider à construire une communauté fidèle autour de votre marque.

Ce chapitre explore les étapes nécessaires pour **lancer votre entreprise sur les réseaux sociaux**, avec une attention particulière sur comment choisir les plateformes pertinentes, comment créer des profils engageants et développer une stratégie de contenu efficace. Nous examinerons également comment engager votre audience et utiliser la publicité sur les réseaux sociaux pour booster votre lancement.

13.1. Pourquoi les Réseaux Sociaux sont Essentiels pour le Lancement de Votre Entreprise

Les réseaux sociaux sont devenus bien plus qu'une simple plateforme pour partager des nouvelles personnelles ou se connecter avec des amis. Pour une entreprise, ils représentent une opportunité unique de **toucher des millions de personnes**, d'entrer directement en contact avec des clients potentiels et de créer un dialogue authentique avec eux. Voici pourquoi les réseaux sociaux sont cruciaux lors du lancement de votre entreprise.

13.1.1. Accéder à un large public à moindre coût

L'un des principaux avantages des réseaux sociaux est la possibilité d'atteindre un large public sans avoir à investir des sommes importantes en publicité. En publiant du contenu pertinent et en interagissant régulièrement avec vos abonnés, vous pouvez progressivement développer une **audience organique** qui s'intéresse à votre marque et à ce que vous proposez.

13.1.2. Créer une communauté autour de votre marque

Les réseaux sociaux vous offrent la possibilité de **créer une communauté** fidèle qui se sent connectée à votre marque. En interagissant régulièrement avec votre audience, en répondant à leurs questions, en partageant du contenu informatif et inspirant, vous pouvez établir une relation de confiance avec vos abonnés, ce qui peut mener à une fidélisation à long terme.

13.1.3. Engager directement avec vos clients potentiels

Les réseaux sociaux facilitent la **communication directe** avec vos clients ou prospects. Ils permettent de répondre rapidement à des questions, de résoudre des problèmes, de recueillir des avis ou des suggestions et d'obtenir des retours sur vos produits ou services en temps réel.

13.1.4. Mesurer et ajuster vos efforts marketing

Les réseaux sociaux offrent également de nombreux outils d'**analyse** qui permettent de suivre les performances de vos publications et d'identifier ce qui fonctionne ou non auprès de votre audience. Vous pouvez ainsi adapter votre stratégie en fonction des résultats, ce qui est essentiel pour maximiser l'efficacité de vos actions marketing.

13.2. Choisir les Réseaux Sociaux Pertinents pour Votre Entreprise

Tous les réseaux sociaux ne sont pas adaptés à toutes les entreprises. Selon votre secteur d'activité et votre public cible, certaines plateformes peuvent être plus efficaces que d'autres. Voici un guide pour choisir les réseaux sociaux qui conviennent le mieux à votre entreprise.

13.2.1. Facebook : Pour toucher un large public

Facebook reste la plus grande plateforme sociale au monde, avec plus de 2,8 milliards d'utilisateurs actifs mensuels. Si vous souhaitez atteindre un large public, notamment les utilisateurs âgés de 25 à 50 ans, Facebook est un excellent choix. Il est particulièrement efficace pour les entreprises locales, les e-commerces et les services B2C.

- **Idéal pour** : Entreprises locales, e-commerce, entreprises de services.
- **Fonctionnalités clés** : Pages professionnelles, événements, groupes, Marketplace, publicités ciblées.

13.2.2. Instagram : Pour les visuels attractifs et le lifestyle

Instagram est une plateforme centrée sur le visuel, ce qui en fait un excellent outil pour les entreprises qui se concentrent sur les produits visuels, la mode, la décoration, le fitness ou les voyages. Si vous êtes dans un secteur créatif ou axé sur le lifestyle, Instagram est une plateforme incontournable.

- **Idéal pour** : Mode, décoration, fitness, lifestyle, food.
- **Fonctionnalités clés** : Stories, IGTV, Reels, Shopping, publicités.

13.2.3. LinkedIn : Pour les entreprises B2B et le networking

LinkedIn est la plateforme de référence pour les **professionnels** et les entreprises B2B. Si vous êtes dans le secteur des services, de la technologie ou du conseil, LinkedIn est l'endroit idéal pour construire votre réseau professionnel, partager du contenu pertinent et établir des partenariats avec d'autres entreprises.

- **Idéal pour** : Services B2B, consultants, startups technologiques, entreprises cherchant à recruter.
- **Fonctionnalités clés** : Pages d'entreprise, articles, offres d'emploi, publicités.

13.2.4. Twitter : Pour l'actualité et l'engagement rapide

Twitter est une plateforme idéale pour les entreprises qui souhaitent partager des informations en temps réel, interagir rapidement avec leur audience et suivre les tendances de leur secteur. Elle est particulièrement populaire dans les secteurs des médias, de la tech, du marketing et du divertissement.

- **Idéal pour** : Médias, startups technologiques, influenceurs, actualité, entreprises cherchant à interagir rapidement avec leur public.
- **Fonctionnalités clés** : Tweets, fils d'actualités en temps réel, hashtags, publicités.

13.2.5. Pinterest : Pour l'inspiration visuelle et la découverte de produits

Pinterest est une plateforme axée sur l'**inspiration visuelle**, idéale pour les entreprises qui vendent des produits ou services créatifs, comme la décoration, la mode, la beauté, ou les loisirs créatifs. Elle est particulièrement efficace pour les entreprises B2C cherchant à attirer un public majoritairement féminin.

- **Idéal pour** : Décoration, mode, bricolage, cuisine, beauté.
- **Fonctionnalités clés** : Épingles, tableaux, publicités visuelles, Shopping.

13.3. Créer des Pages Professionnelles et Engager Votre Audience

Une fois que vous avez choisi les plateformes sur lesquelles vous souhaitez vous lancer, il est temps de **créer vos pages professionnelles** et de commencer à interagir avec votre audience. La création d'une page professionnelle sur chaque réseau social est simple, mais il est crucial de bien le faire pour **attirer l'attention de votre public** dès le départ.

13.3.1. Créer une page professionnelle sur Facebook

Créer une page Facebook est simple, mais pour la rendre efficace, vous devez **optimiser** chaque aspect :

- **Photo de profil et bannière** : Choisissez une image de profil qui représente votre marque (comme votre logo) et une bannière qui met en avant votre produit ou service principal.
- **Description** : Rédigez une description claire et concise de votre entreprise, en mettant en avant votre mission, vos valeurs et ce que vous proposez.
- **Appel à l'action** : Utilisez un bouton d'appel à l'action, comme "Acheter", "Contactez-nous" ou "S'inscrire", pour guider vos visiteurs vers une action spécifique.

13.3.2. Créer un profil professionnel sur Instagram

Pour **Instagram**, l'accent doit être mis sur le **visuel** et l'**esthétique** globale de votre profil. Voici quelques points à optimiser :

- **Photo de profil** : Utilisez votre logo ou un visuel qui représente clairement votre marque.
- **Bio** : Rédigez une bio accrocheuse qui explique qui vous êtes et ce que vous faites, avec un lien vers votre site web ou une page importante.
- **Feed Instagram** : Assurez-vous que votre feed est visuellement cohérent, avec des photos de qualité, des couleurs harmonieuses et un style reconnaissable.

- **Stories à la une** : Utilisez les stories à la une pour mettre en avant des éléments clés, comme vos produits, vos promotions ou vos événements.

13.3.3. Optimiser une page LinkedIn professionnelle

Sur **LinkedIn**, votre page d'entreprise doit être plus formelle et informative. Voici quelques conseils pour l'optimiser :

- **Description détaillée** : Fournissez une description complète de votre entreprise, en mettant en avant votre expertise, vos produits/services, et votre mission.
- **Contenu pertinent** : Publiez régulièrement du contenu en rapport avec votre secteur d'activité, que ce soit des articles, des études de cas, ou des témoignages clients.
- **Réseautage actif** : Interagissez avec d'autres professionnels et entreprises, participez à des discussions dans des groupes LinkedIn, et répondez aux commentaires sur vos publications.

13.3.4. Développer une stratégie de contenu cohérente

Une fois vos pages créées, il est essentiel de développer une **stratégie de contenu** cohérente pour chaque plateforme. Voici les étapes pour y parvenir :

1. **Définir vos objectifs** : Voulez-vous augmenter la notoriété de votre marque, générer du trafic vers votre site web, ou obtenir des leads ?
2. **Connaître votre audience** : Qui sont vos abonnés potentiels ? Quels sont leurs centres d'intérêt et quel type de contenu pourraient-ils apprécier ?
3. **Créer un calendrier éditorial** : Planifiez vos publications à l'avance, en équilibrant les types de contenu (informations, divertissement, offres promotionnelles) et les formats (photos, vidéos, articles).
4. **Utiliser des visuels attractifs** : Que ce soit sur Facebook, Instagram ou LinkedIn, le visuel est clé. Utilisez des images et vidéos de qualité qui reflètent votre identité de marque.
5. **Engager votre audience** : Encouragez les interactions en posant des questions, en lançant des concours ou en partageant des histoires qui résonnent avec votre audience.

13.4. Engager et Fidéliser Votre Audience

L'un des principaux défis après le lancement sur les réseaux sociaux est de **fidéliser** votre audience et de maintenir un engagement actif. Ce processus demande de la régularité et de l'interaction. Voici comment vous pouvez entretenir l'engagement de votre communauté sur les réseaux sociaux.

13.4.1. Interagir avec vos abonnés

Une stratégie efficace pour fidéliser votre audience est d'**interagir régulièrement** avec elle. Ne vous contentez pas de publier du contenu et d'attendre des réactions. Répondez aux commentaires, aimez les publications de vos abonnés, et montrez que vous êtes attentif à leurs besoins et préoccupations.

Exemples d'interactions :

- **Répondre aux commentaires** : Prenez le temps de répondre aux commentaires de vos publications. Cela montre que vous êtes accessible et attentif à vos abonnés.
- **Questions et sondages** : Utilisez les stories d'Instagram ou les publications Facebook pour poser des questions à votre audience et recueillir leur avis sur vos produits ou services.
- **Messages directs** : Pour une interaction plus personnelle, n'hésitez pas à engager la conversation en message direct avec vos abonnés qui montrent un intérêt particulier pour votre entreprise.

13.4.2. Lancer des concours et des promotions

Les **concours** et **promotions exclusives** sont un excellent moyen de générer de l'engagement et de fidéliser votre audience. En offrant des récompenses ou des réductions exclusives à vos abonnés, vous les encouragez à rester actifs et à recommander votre entreprise à leurs amis.

Exemple de concours :

- Demandez à vos abonnés de partager une photo avec votre produit et d'utiliser un hashtag spécifique. Offrez un produit gratuit ou une réduction à l'un des participants tiré au sort.
- Organisez un concours de partage : encouragez vos abonnés à partager l'un de vos posts en échange d'une chance de gagner un lot exclusif.

13.4.3. Utiliser les influenceurs pour étendre votre portée

Collaborer avec des **influenceurs** ou micro-influenceurs dans votre secteur peut considérablement augmenter la visibilité de votre marque et attirer de nouveaux abonnés. Ces collaborations peuvent se faire sous forme de partenariats rémunérés, d'échanges de produits ou de promotions croisées.

Étapes pour travailler avec des influenceurs :

1. **Identifier les influenceurs pertinents** : Choisissez des influenceurs dont l'audience correspond à votre public cible.
2. **Établir un partenariat** : Proposez une collaboration, par exemple en leur offrant un produit gratuit à tester ou en organisant un concours sponsorisé.
3. **Mesurer les résultats** : Suivez les performances de vos campagnes avec les influenceurs pour évaluer leur impact (engagement, nouveaux abonnés, ventes).

13.5. Utiliser la Publicité Payante sur les Réseaux Sociaux

Outre l'engagement organique, les **publicités sur les réseaux sociaux** peuvent grandement amplifier votre lancement. Les plateformes comme Facebook, Instagram et LinkedIn offrent des outils de publicité extrêmement ciblés qui vous permettent d'atteindre précisément les utilisateurs qui sont le plus susceptibles d'être intéressés par votre entreprise.

13.5.1. Facebook Ads et Instagram Ads

Facebook Ads et **Instagram Ads** sont des plateformes publicitaires puissantes qui vous permettent de cibler des utilisateurs en fonction de leur âge, de leur sexe, de leurs centres d'intérêt, de leur comportement en ligne, et même de leur localisation. Vous pouvez commencer avec un budget modeste et ajuster vos campagnes en fonction des résultats.

- **Création d'une campagne** : Définissez vos objectifs (visites sur votre site, ventes, notoriété), votre audience cible, et créez des visuels attrayants pour votre publicité.
- **Test A/B** : Effectuez des tests A/B pour voir quels types de visuels et de messages fonctionnent le mieux auprès de votre audience.
- **Suivi des performances** : Utilisez les outils d'analyse de Facebook et d'Instagram pour suivre les performances de vos annonces et ajuster vos campagnes en temps réel.

13.5.2. Publicité sur LinkedIn

LinkedIn Ads est particulièrement utile pour les entreprises B2B cherchant à atteindre des professionnels, des décideurs ou des dirigeants d'entreprise. LinkedIn permet de cibler les utilisateurs en fonction de leur poste, de leur entreprise, de leur secteur d'activité, et de leurs compétences professionnelles.

- **Types de publicités** : LinkedIn propose des publicités sous forme de contenus sponsorisés, de messages directs sponsorisés ou de publicités textuelles.
- **Suivi des performances** : Comme sur Facebook, LinkedIn Ads propose des outils de suivi pour mesurer le retour sur investissement (ROI) de vos campagnes publicitaires.

13.6. Mesurer les Résultats et Ajuster Votre Stratégie

Une fois que votre entreprise est lancée sur les réseaux sociaux, il est important de suivre de près vos performances et d'ajuster votre stratégie en fonction des données collectées. Cela vous permet de maximiser l'impact de vos efforts et d'améliorer votre retour sur investissement.

13.6.1. Utiliser les outils d'analyse intégrés

Les réseaux sociaux comme Facebook, Instagram et LinkedIn offrent tous des **outils d'analyse intégrés** qui vous permettent de suivre les performances de vos publications et de vos publicités. Voici quelques indicateurs clés à surveiller :

- **Taux d'engagement** : Le nombre de likes, de partages, de commentaires et de clics sur vos publications. Cela vous donne une idée de la résonance de votre contenu auprès de votre audience.
- **Croissance des abonnés** : Suivez le nombre de nouveaux abonnés pour voir si vos efforts marketing portent leurs fruits.
- **Portée et impressions** : La portée mesure combien de personnes ont vu votre contenu, tandis que les impressions comptent le nombre total de fois où votre contenu a été affiché.

- **Conversions et ROI** : Pour vos campagnes publicitaires, il est crucial de suivre le nombre de conversions (ventes, inscriptions, téléchargements) et de calculer le retour sur investissement.

13.6.2. Ajuster votre stratégie en fonction des résultats

En analysant vos résultats régulièrement, vous pourrez identifier les types de contenu qui fonctionnent le mieux, les heures de publication les plus efficaces, et les plateformes qui génèrent le plus d'engagement. Utilisez ces informations pour **ajuster votre stratégie** :

- **Modifier les types de contenu** : Si vous remarquez que vos vidéos Reels sur Instagram obtiennent plus d'engagement que vos photos, concentrez-vous davantage sur la création de vidéos.
- **Réorienter votre budget publicitaire** : Si une campagne publicitaire sur Facebook génère de meilleurs résultats que celle sur LinkedIn, ajustez votre budget pour maximiser vos performances.
- **Affiner votre ciblage** : Utilisez les données de vos campagnes publicitaires pour affiner votre audience cible et améliorer la pertinence de vos publicités.

Lancer Votre Entreprise sur les Réseaux Sociaux avec Succès

Lancer votre entreprise sur les réseaux sociaux est une étape cruciale pour atteindre vos premiers clients, développer votre visibilité et construire une communauté fidèle autour de votre marque. Grâce aux plateformes comme Facebook, Instagram, LinkedIn et Twitter, vous pouvez rapidement vous connecter avec votre public cible, créer du contenu engageant et développer des relations authentiques avec vos abonnés.

En utilisant les bonnes stratégies, en mesurant vos résultats, et en ajustant vos efforts en fonction des performances, vous maximiserez vos chances de succès. Une présence efficace sur les réseaux sociaux peut transformer votre entreprise et jouer un rôle clé dans sa croissance à long terme.

14.Acquérir Vos Premiers Clients

L'acquisition de vos **premiers clients** est l'une des étapes les plus critiques pour tout entrepreneur qui lance une nouvelle entreprise. Ces premiers clients ne sont pas seulement des acheteurs ; ils représentent un point de départ crucial pour tester et affiner votre produit ou service, valider votre modèle économique et récolter des témoignages ou des recommandations. Dans cet esprit, trouver ces premiers clients est un véritable levier pour la croissance de votre entreprise.

Dans ce chapitre, nous allons explorer en détail **comment acquérir vos premiers clients**, notamment en vous concentrant sur les stratégies locales et personnelles, l'utilisation de votre réseau existant et l'importance du retour d'expérience pour améliorer votre offre. Nous verrons aussi comment fidéliser ces clients pour qu'ils deviennent vos ambassadeurs et comment élargir progressivement votre base de clients.

14.1. L'Importance des Premiers Clients pour un Nouveau Projet

Trouver ses premiers clients est une tâche délicate mais essentielle pour valider son idée de manière concrète. Ces premiers clients sont souvent considérés comme des **pionniers** qui vous aideront non seulement à générer vos premières ventes, mais aussi à tester et améliorer vos offres.

14.1.1. Tester et affiner votre produit ou service

Les premiers clients sont vos **testeurs en conditions réelles**. Ils vous donneront des retours précieux sur votre produit ou service : est-il réellement efficace ? Répond-il à leurs attentes ? Quels ajustements ou améliorations pourraient le rendre encore plus pertinent ? Grâce à ces premiers clients, vous pouvez ajuster votre offre avant de la proposer à un public plus large.

Exemple : Si vous avez créé une application mobile de gestion des finances, vos premiers utilisateurs pourront vous signaler des bugs ou des fonctionnalités manquantes. Vous pourrez ainsi améliorer l'expérience utilisateur avant de lancer votre application à plus grande échelle.

14.1.2. Valider votre modèle économique

Ces premiers clients vous permettent également de **valider votre modèle économique**. Si ces premiers clients sont prêts à payer pour votre produit ou service, cela indique que votre proposition de valeur a un potentiel sur le marché. À partir de ces premiers retours, vous pourrez évaluer si votre stratégie de prix est adaptée et ajuster si nécessaire.

14.1.3. Obtenir des témoignages et des références

Les premiers clients peuvent également devenir vos **ambassadeurs** en partageant leur expérience positive avec d'autres personnes, en fournissant des témoignages ou des références. Ces éléments sont très précieux pour attirer de nouveaux clients, car les témoignages renforcent la confiance envers votre marque et créent un effet de bouche-à-oreille.

14.2. Utiliser Votre Réseau Personnel pour Acquérir Vos Premiers Clients

Lorsqu'il s'agit d'acquérir vos premiers clients, votre **réseau personnel** est souvent votre meilleur allié. Amis, famille, collègues ou même des connaissances peuvent constituer un excellent point de départ pour tester votre offre et obtenir du soutien.

14.2.1. Informer votre cercle personnel de votre lancement

Le premier réflexe est de **communiquer avec votre réseau personnel** pour leur faire savoir que vous lancez une nouvelle entreprise. Envoyez des messages personnalisés par email, téléphone ou via les réseaux sociaux pour leur expliquer votre projet, votre offre, et comment ils peuvent vous aider.

Conseils pour informer votre réseau personnel :

- Soyez clair et concis : Présentez ce que vous faites, à qui s'adresse votre produit/service et pourquoi cela pourrait les intéresser.
- Expliquez comment ils peuvent vous soutenir : Encouragez-les à essayer votre produit ou service, à le recommander à leurs amis ou à partager votre initiative sur les réseaux sociaux.
- Offrez une **promotion exclusive** ou un essai gratuit : Cela peut inciter vos proches à vous soutenir tout en leur donnant un avantage.

Exemple : Si vous lancez une boutique en ligne de produits artisanaux, vous pouvez offrir une réduction exclusive à vos amis et votre famille pour qu'ils passent une première commande.

14.2.2. Exploiter les réseaux sociaux pour atteindre votre réseau étendu

Les réseaux sociaux sont une **extension naturelle** de votre réseau personnel. Ils vous permettent d'atteindre des personnes que vous connaissez moins bien, mais qui pourraient être intéressées par votre offre. Annoncez le lancement de votre produit ou service sur Facebook, LinkedIn, Instagram ou Twitter, et demandez à vos proches de partager votre message avec leur propre réseau.

- **Créer un événement de lancement** : Organisez un événement virtuel ou physique pour présenter votre produit ou service, et invitez vos contacts à y assister.
- **Utiliser des groupes spécialisés** : Sur des plateformes comme Facebook ou LinkedIn, il existe de nombreux groupes dédiés à des industries spécifiques ou à des centres d'intérêt. Rejoignez ces groupes et présentez votre produit aux membres.

Exemple : Si vous lancez une agence de marketing, LinkedIn est un excellent endroit pour partager votre nouvelle activité avec votre réseau professionnel et obtenir des recommandations ou des connexions utiles.

14.2.3. Demander des recommandations personnelles

Demander à vos contacts de **vous recommander à leur réseau** est une stratégie simple mais efficace pour toucher de nouveaux clients. Les gens sont généralement plus enclins à essayer un produit ou service s'il leur est recommandé par une personne de confiance.

Exemple : Si vous ouvrez une boulangerie locale, demandez à vos amis de parler de vous à leurs collègues ou de partager une publication sur Facebook pour toucher un public plus large dans votre région.

14.3. Se Tourner Vers le Réseau Local pour Trouver des Clients

Votre **communauté locale** est une autre ressource précieuse pour trouver vos premiers clients. En ciblant des clients potentiels proches de vous géographiquement, vous pouvez rapidement obtenir des retours et des ventes, tout en renforçant votre crédibilité locale.

14.3.1. Participer à des événements locaux ou des marchés

Une des manières les plus directes de trouver des clients est de participer à des **événements locaux**, tels que des marchés, des foires ou des salons professionnels. Cela vous permet de présenter physiquement votre produit ou service et d'avoir des interactions en face à face avec des clients potentiels.

- **Les marchés artisanaux ou gastronomiques** : Si vous proposez des produits physiques comme des articles faits main ou de la nourriture, les marchés locaux sont un excellent point de départ.
- **Les salons professionnels** : Si vous êtes dans une industrie spécifique comme la technologie ou le commerce, participer à un salon vous permet de rencontrer d'autres professionnels et clients intéressés.

14.3.2. Utiliser les réseaux d'entrepreneurs locaux

Rejoindre des **réseaux d'entrepreneurs locaux** peut vous aider à étendre votre réseau et à trouver des partenaires ou des clients potentiels. De nombreuses villes disposent de clubs d'entrepreneurs, de chambres de commerce ou de communautés d'affaires qui offrent des événements de réseautage, des ateliers ou des conférences. En participant à ces événements, vous pouvez vous faire connaître, échanger des conseils, et même obtenir des recommandations directes.

Exemple : Si vous lancez une entreprise de services, rejoindre un réseau d'entrepreneurs locaux peut vous permettre de rencontrer d'autres entreprises qui pourraient avoir besoin de vos services, ou qui pourraient vous recommander à leurs propres clients.

14.3.3. Collaborer avec des entreprises locales

Une autre stratégie efficace pour acquérir des clients locaux est de **collaborer avec d'autres entreprises** de votre région. Cela peut inclure des partenariats avec des entreprises qui partagent la même clientèle cible que vous. Par exemple, si vous lancez une entreprise de design graphique, vous pouvez établir un partenariat avec une agence de marketing local pour leur fournir des services de design, et en échange, ils vous recommandent à leurs clients.

Exemple : Si vous ouvrez un café, vous pourriez proposer de collaborer avec une librairie locale pour organiser des événements littéraires et attirer un public commun.

14.4. Offrir des Promos Exclusives et des Offres de Lancement

Une autre manière de captiver l'attention de vos premiers clients et de les inciter à essayer vos produits ou services est de proposer des **promotions exclusives** et des **offres de lancement**. Cela crée un sentiment d'urgence et donne un avantage immédiat à ceux qui choisissent d'être vos premiers clients.

14.4.1. Offrir des réductions spéciales pour vos premiers clients

Une **réduction spéciale** est l'une des offres de lancement les plus courantes. En offrant un pourcentage de réduction ou une remise fixe, vous rendez l'achat plus attrayant et plus accessible pour les personnes qui hésitent à essayer un produit ou service inconnu.

- **Réduction pour une durée limitée** : Proposez une offre exclusive de réduction sur une période limitée (par exemple, 10 % de réduction pendant le premier mois de lancement).
- **Offre de bienvenue** : Offrez une réduction spéciale pour tous les nouveaux clients qui s'inscrivent à votre service ou qui achètent pour la première fois.

14.4.2. Offrir des produits ou services gratuits en échange de retours

Proposer des **échantillons gratuits** ou des services gratuits à vos premiers clients peut être un excellent moyen d'encourager l'essai de votre produit et de recueillir des retours précieux. En retour, demandez-leur de vous donner des commentaires honnêtes ou de publier un avis en ligne.

- **Version d'essai gratuite** : Si vous proposez un service (par exemple, un logiciel ou une application), vous pouvez offrir un accès gratuit pendant un mois afin que les utilisateurs puissent le tester avant de s'engager.
- **Échantillons gratuits** : Pour les produits physiques, distribuez des échantillons gratuits à vos premiers clients et demandez-leur de partager leurs avis sur les réseaux sociaux ou via une enquête.

14.5. Tirer Parti des Témoignages et des Recommandations

Les **témoignages** et **recommandations** de vos premiers clients sont des outils puissants pour renforcer la crédibilité de votre entreprise et attirer de nouveaux clients. Un avis positif d'un client satisfait peut rassurer les prospects et les encourager à essayer votre produit ou service.

14.5.1. Demander des témoignages dès les premières ventes

Après avoir vendu à vos premiers clients, n'hésitez pas à leur demander de vous fournir un **témoignage** ou de rédiger un avis. Vous pouvez les publier sur votre site web, vos réseaux sociaux, ou sur des plateformes comme Google My Business, où de nombreux clients potentiels recherchent des avis avant d'acheter.

Conseils pour obtenir des témoignages :

- **Envoyer un email de suivi** après la vente pour demander à votre client de partager son avis.
- **Simplifier le processus** en fournissant un lien direct vers une page où ils peuvent écrire leur avis.
- **Offrir une incitation** (réduction ou cadeau) pour les encourager à rédiger un témoignage détaillé.

14.5.2. Mettre en place un programme de parrainage

Un **programme de parrainage** peut inciter vos premiers clients à vous recommander à leur réseau. En offrant une récompense pour chaque nouvelle recommandation (réduction, produit gratuit ou crédit), vous encouragez vos premiers clients à devenir des ambassadeurs de votre marque.

Exemple : Si vous lancez une salle de sport, vous pourriez offrir une séance gratuite à tout client qui parraine un ami, et offrir également une réduction à l'ami parrainé.

14.6. S'appuyer sur des Plateformes en Ligne pour Acquérir des Clients

Les **plateformes en ligne** peuvent être des alliées précieuses pour acquérir vos premiers clients, notamment si vous opérez dans un secteur où la visibilité numérique est essentielle. En vous inscrivant sur des plateformes dédiées ou des marketplaces, vous pouvez rapidement toucher une audience ciblée.

14.6.1. Utiliser des places de marché et plateformes spécialisées

Selon votre secteur d'activité, il existe probablement des **marketplaces spécialisées** où vous pouvez vous inscrire pour vendre vos produits ou services. Ces plateformes ont déjà une base d'utilisateurs et vous permettent de bénéficier de leur trafic sans avoir à déployer de gros efforts de marketing au départ.

Exemples de marketplaces :

- **Etsy** pour les produits artisanaux.
- **Upwork** ou **Fiverr** pour les freelances et services créatifs.
- **Amazon** pour les produits physiques.

14.6.2. Google My Business pour attirer des clients locaux

Pour une entreprise locale, créer une fiche sur **Google My Business** est essentiel pour attirer des clients de votre région. En vous inscrivant, vous améliorez vos chances d'apparaître dans les résultats de recherche locaux et sur Google Maps lorsque les utilisateurs recherchent des services similaires aux vôtres.

14.7. Fidéliser vos Premiers Clients

Une fois que vous avez acquis vos premiers clients, votre objectif doit être de **les fidéliser** pour qu'ils deviennent des clients réguliers. Un client satisfait est plus susceptible de revenir et de recommander votre entreprise à d'autres.

14.7.1. Offrir un service client exceptionnel

Un service client de qualité est essentiel pour créer une **relation de confiance** avec vos premiers clients. Soyez disponible, réactif et à l'écoute de leurs besoins. Offrir un support client attentif vous permettra de résoudre rapidement les problèmes et d'améliorer leur expérience.

14.7.2. Proposer des offres de fidélité

Proposer des **programmes de fidélité** ou des offres spéciales pour vos premiers clients est une excellente manière de les encourager à revenir. Cela peut inclure des réductions sur les achats répétés, des cartes de fidélité ou des cadeaux offerts après un certain nombre d'achats.

Exemple : Si vous lancez une boutique en ligne de vêtements, offrez un bon de réduction à vos premiers clients après leur premier achat, ou proposez une carte de fidélité pour bénéficier de réductions sur les achats futurs.

Acquérir vos Premiers Clients avec Succès

Acquérir vos premiers clients est une étape cruciale qui va au-delà de la simple transaction. Ces premiers clients sont les premiers testeurs de votre produit ou service, des ambassadeurs potentiels et des sources de précieux retours. En utilisant votre réseau personnel et local, en exploitant des plateformes en ligne et en fidélisant vos premiers clients avec soin, vous poserez des bases solides pour le succès de votre entreprise.

15 .Maîtriser les Techniques de Vente

Le succès d'une entreprise repose en grande partie sur sa capacité à **vendre efficacement** ses produits ou services. La vente n'est pas seulement une question de persuasion ; elle implique de comprendre les besoins du client et de démontrer comment votre produit ou service peut y répondre. Pour cela, il est essentiel de **maîtriser les techniques de vente**, en mettant l'accent non seulement sur les caractéristiques de ce que vous proposez, mais surtout sur les **bénéfices pour le client**.

Dans ce chapitre, nous allons explorer en détail les techniques de vente les plus efficaces pour un entrepreneur ou une petite entreprise. Nous aborderons des aspects fondamentaux comme la **compréhension des besoins du client**, la **présentation de la proposition de valeur**, le **traitement des objections** et l'art de **conclure une vente**. Enfin, nous vous fournirons des conseils pour développer une **relation à long**

terme avec vos clients, car une vente réussie ne se limite pas à la transaction, mais s'étend à la fidélisation et à la satisfaction du client.

15.1. L'Art de la Vente : Une Compétence Essentielle pour les Entrepreneurs

La vente est une compétence clé pour tout entrepreneur. Peu importe la qualité de votre produit ou service, si vous ne savez pas le vendre efficacement, il sera difficile de rencontrer le succès. Contrairement à une idée reçue, la vente n'est pas seulement une question de discours accrocheur. Il s'agit avant tout de comprendre votre client, de bâtir une relation de confiance et de lui montrer comment votre offre répond précisément à ses besoins.

15.1.1. Se concentrer sur les bénéfices plutôt que sur les caractéristiques

L'une des erreurs les plus courantes des entrepreneurs débutants est de se concentrer uniquement sur les **caractéristiques** de leur produit ou service. Cependant, ce qui intéresse vraiment le client, ce ne sont pas les caractéristiques techniques, mais les **bénéfices** qu'il en retirera. Une technique de vente efficace consiste à toujours transformer les caractéristiques en bénéfices.

Par exemple, au lieu de dire : "Ce téléphone a une batterie de 5000 mAh", mettez l'accent sur le bénéfice : "Grâce à sa grande capacité de batterie, vous pouvez utiliser ce téléphone toute la journée sans avoir besoin de le recharger".

15.1.2. Créer une relation de confiance avec le client

Avant même de penser à la vente, il est essentiel d'établir une **relation de confiance** avec votre client. Cela implique de comprendre ses besoins, de répondre à ses questions de manière honnête et de montrer que vous êtes là pour l'aider à trouver la meilleure solution. Une fois cette confiance établie, le processus de vente devient plus fluide, car le client est plus disposé à vous écouter et à envisager votre offre.

15.2. Comprendre les Besoins du Client : L'Écoute Active

Pour vendre efficacement, il est essentiel de bien comprendre **les besoins et les attentes** de votre client. C'est à partir de cette compréhension que vous pourrez ajuster votre argumentaire de vente et proposer une solution qui réponde spécifiquement à ces besoins.

15.2.1. L'importance de l'écoute active dans la vente

L'**écoute active** est une technique de communication qui consiste à écouter attentivement le client sans l'interrompre, puis à reformuler ce qu'il dit pour s'assurer que vous avez bien compris. Cela permet non seulement de mieux comprendre ce que le client recherche, mais aussi de créer un lien de confiance, car le client se sentira écouté et pris en compte.

Exemple d'écoute active :

- Client : "J'ai souvent des problèmes de batterie avec mon téléphone actuel."

- Vendeur : "Si je comprends bien, vous cherchez un téléphone avec une batterie longue durée pour éviter ces interruptions dans votre journée, c'est bien ça ?"

Cette technique permet de cerner le **problème spécifique** du client et d'adapter votre réponse pour lui offrir une solution adéquate.

15.2.2. Poser des questions ouvertes pour mieux comprendre

Poser des **questions ouvertes** est une autre technique essentielle pour comprendre les besoins du client. Contrairement aux questions fermées (qui nécessitent une réponse par "oui" ou "non"), les questions ouvertes encouragent le client à s'exprimer davantage, ce qui vous donne plus d'informations sur ses préférences.

Exemples de questions ouvertes :

- "Qu'est-ce qui vous pose le plus de problème avec votre solution actuelle ?"
- "Qu'attendez-vous d'un produit comme celui-ci ?"
- "Quels sont vos critères prioritaires lors de l'achat de ce type de service ?"

Ces questions vous aideront à obtenir des informations précieuses qui vous permettront de **personnaliser votre approche** et de proposer des solutions adaptées aux attentes du client.

15.3. Présenter une Proposition de Valeur Impactante

Une fois que vous avez bien compris les besoins du client, l'étape suivante consiste à **présenter une proposition de valeur** claire et percutante. Votre proposition de valeur doit démontrer de manière convaincante pourquoi votre produit ou service est la meilleure option pour répondre aux besoins spécifiques du client.

15.3.1. Construire une proposition de valeur claire

Votre **proposition de valeur** est ce qui distingue votre offre des autres sur le marché. Elle doit répondre à une question clé : "Pourquoi choisir votre produit ou service plutôt qu'un autre ?". Pour être impactante, votre proposition de valeur doit :

- Être simple et facile à comprendre.
- Mettre en avant les bénéfices principaux pour le client.
- Souligner en quoi votre offre est unique ou différente de celle des concurrents.

Exemple de proposition de valeur : "Notre solution de gestion de projet est spécialement conçue pour les PME qui veulent gagner du temps et améliorer leur productivité. Grâce à notre interface intuitive et à nos outils d'automatisation, vous pouvez réduire de 30 % le temps consacré à la gestion de vos tâches quotidiennes."

15.3.2. S'appuyer sur les bénéfices spécifiques pour le client

Lorsque vous présentez votre produit ou service, mettez l'accent sur **ce que le client va gagner** en choisissant votre solution. Cela peut être du temps, de l'argent, un gain d'efficacité, ou encore une meilleure expérience. Plus vous rendrez les bénéfices concrets et tangibles, plus le client sera susceptible de voir la valeur de votre offre.

Par exemple :

- Si vous vendez un logiciel de comptabilité, le bénéfice pourrait être : "Vous allez pouvoir automatiser vos déclarations fiscales et ainsi éviter les erreurs, tout en réduisant de 50 % le temps consacré à la comptabilité".
- Si vous proposez un service de coaching personnel, mettez en avant : "Avec notre programme sur mesure, vous atteindrez vos objectifs de santé en seulement trois mois, grâce à des plans d'entraînement adaptés à votre emploi du temps et à vos besoins."

15.4. Anticiper et Traiter les Objections

Lors d'un processus de vente, les objections de la part des clients sont inévitables. Les objections ne sont pas nécessairement un refus définitif ; elles sont souvent un moyen pour le client de chercher plus de clarifications ou d'exprimer ses inquiétudes. Savoir **anticiper et traiter les objections** est essentiel pour transformer un prospect hésitant en client satisfait.

15.4.1. Les objections les plus courantes

Les objections les plus fréquentes concernent généralement le **prix**, la **pertinence du produit** ou des **inquiétudes spécifiques** liées aux fonctionnalités ou à la garantie de satisfaction. Voici quelques exemples d'objections courantes :

- "C'est trop cher pour moi."
- "Je ne suis pas sûr que cela corresponde à mes besoins."
- "Je préfère attendre pour voir d'autres options."

15.4.2. Techniques pour répondre aux objections

Pour traiter les objections efficacement, vous devez :

1. **Écouter attentivement l'objection** : Ne réagissez pas immédiatement. Prenez le temps d'écouter et de comprendre la préoccupation du client.
2. **Rassurer et clarifier** : Reformulez l'objection pour montrer que vous avez bien compris, puis apportez des réponses rassurantes qui lèvent les doutes. Par exemple, si le client trouve votre produit trop cher, expliquez en quoi l'investissement est rentable à long terme (par la réduction de coûts futurs, les gains de productivité, etc.).
3. **Proposer des alternatives** : Si le client n'est pas convaincu, proposez une solution alternative qui pourrait répondre à son objection. Cela pourrait inclure des options de paiement échelonné ou une version moins coûteuse du produit.

Exemple de réponse à une objection sur le prix : "Je comprends que vous soyez préoccupé par le prix, mais gardez à l'esprit que notre produit inclut une garantie de satisfaction à 100 %, et que les économies que vous réaliserez grâce à ses fonctionnalités vous permettront d'amortir cet investissement en moins de six mois."

15.5. L'Art de Conclure une Vente

Conclure une vente est une étape cruciale dans le processus de vente. Cela ne signifie pas nécessairement "forcer" le client à acheter, mais plutôt l'amener à prendre une **décision positive** en votre faveur. Une vente bien conclue est le résultat d'un dialogue fluide où le client se sent convaincu que votre offre répond à ses besoins.

15.5.1. Savoir reconnaître le bon moment pour conclure

Un bon vendeur sait **identifier les signaux** indiquant que le client est prêt à acheter. Ces signaux peuvent inclure des questions spécifiques sur les modalités d'achat, des demandes sur les garanties, ou même un changement dans le ton de la conversation.

Exemple de signaux d'achat :

- "Quand pourrais-je recevoir ce produit si je commande aujourd'hui ?"
- "Quelles sont vos conditions de retour ?"

Ces questions indiquent que le client envisage sérieusement d'acheter. Lorsque vous détectez ces signaux, il est temps de passer à l'étape suivante.

15.5.2. Techniques pour conclure une vente

Il existe plusieurs techniques pour **conclure une vente** efficacement :

1. **La question fermée** : Posez une question qui incite le client à prendre une décision claire. Exemple : "Souhaitez-vous que nous procédions à la commande aujourd'hui, ou préférez-vous que je vous envoie plus de détails par email ?"
2. **La méthode de la récapitulation** : Récapitulez les points positifs que le client a reconnus, puis proposez de conclure. Exemple : "Nous avons vu que ce produit répond à vos besoins en termes de durabilité et de prix. Êtes-vous prêt à passer à l'étape suivante ?"
3. **L'offre incitative** : Offrez une incitation à conclure rapidement, comme une réduction ou un avantage supplémentaire en cas d'achat immédiat. Exemple : "Si vous commandez aujourd'hui, nous pouvons vous offrir une livraison gratuite et une extension de garantie."

15.6. Fidéliser le Client Après la Vente

La vente ne s'arrête pas après la transaction. Une **relation durable** avec le client est essentielle pour transformer un premier achat en une fidélisation à long terme. Un client satisfait est non seulement plus susceptible de revenir, mais il peut aussi devenir un **ambassadeur de votre marque**, recommandant votre produit ou service à son réseau.

15.6.1. Suivi après-vente et service client

Une fois la vente conclue, assurez-vous de rester en contact avec le client en mettant en place un **suivi après-vente**. Ce suivi peut inclure un email ou un appel pour s'assurer que le produit ou service a bien répondu aux attentes et pour répondre à toute question ou préoccupation.

Exemple de suivi : "Bonjour, je voulais m'assurer que vous êtes satisfait de votre achat. Si vous avez des questions ou des commentaires, n'hésitez pas à me contacter."

Le **service client** doit également être une priorité après la vente. Si le client rencontre un problème ou a besoin de soutien, répondez rapidement et avec empathie. Un service client réactif et efficace peut transformer une expérience négative en une opportunité de renforcer la fidélité du client.

15.6.2. Offrir des avantages pour fidéliser le client

Pour encourager le client à revenir, proposez des **avantages exclusifs** ou des **offres de fidélité**. Cela peut inclure des réductions pour des achats futurs, des programmes de fidélité ou des offres spéciales réservées aux clients réguliers.

Exemple : "En tant que client fidèle, vous bénéficiez d'une réduction de 15 % sur votre prochain achat. Nous sommes ravis de vous compter parmi nos clients et espérons continuer à vous servir."

15.7. S'entraîner et Se Perfectionner : Devenir un Maître de la Vente

La vente est une compétence qui s'acquiert avec le temps et l'expérience. Plus vous vendez, plus vous développerez une **confiance en vous-même** et affinerez votre approche. Il est également important de continuer à **vous former**, en lisant des livres, en suivant des formations ou en observant d'autres vendeurs performants.

15.7.1. Utiliser des scripts de vente flexibles

Un **script de vente** peut être un outil utile, notamment pour les débutants, car il vous permet de structurer vos conversations de vente. Toutefois, il est important de rester **flexible** et de ne pas vous y tenir à la lettre. Chaque client est différent, et votre capacité à adapter votre discours à chaque situation est cruciale pour réussir.

Exemple de structure de script :

1. **Introduction** : Se présenter et établir un lien.
2. **Écoute active** : Comprendre les besoins du client à travers des questions ouvertes.
3. **Proposition de valeur** : Présenter les avantages de votre produit ou service en lien avec les besoins exprimés.
4. **Réponse aux objections** : Anticiper et répondre aux inquiétudes du client.
5. **Conclusion** : Proposer de passer à l'acte d'achat.

15.7.2. Analyser vos performances et ajuster votre technique

Prenez l'habitude d'**analyser chaque interaction** de vente que vous avez. Qu'est-ce qui a bien fonctionné ? Quelles objections n'avez-vous pas su traiter efficacement ? En apprenant de chaque expérience, vous pourrez continuellement ajuster votre technique et devenir un meilleur vendeur.

Maîtriser l'Art de la Vente pour Réussir en Entrepreneuriat

Maîtriser les techniques de vente est une compétence incontournable pour tout entrepreneur cherchant à développer son entreprise. En comprenant les besoins de vos clients, en mettant l'accent sur les bénéfices, en traitant efficacement les objections et en concluant des ventes de manière fluide, vous augmenterez vos chances de succès. Plus vous pratiquez et affinez votre approche, plus vous deviendrez à l'aise et performant dans l'art de la vente.

N'oubliez pas que la vente ne se termine pas une fois la transaction conclue. Une relation à long terme avec vos clients, basée sur la confiance et la satisfaction, est la clé pour développer une clientèle fidèle et assurer la croissance continue de votre entreprise.

16.Utiliser le Marketing de Contenu

Le **marketing de contenu** est devenu l'une des stratégies les plus efficaces pour attirer des clients de manière organique et établir une relation de confiance avec votre audience. En créant et en partageant du contenu pertinent et de qualité, vous pouvez démontrer votre expertise, fournir de la valeur à vos clients potentiels, et vous positionner comme une **référence dans votre domaine**.

Dans ce chapitre, nous allons explorer comment vous pouvez **utiliser le marketing de contenu** pour attirer et engager des clients. Nous examinerons les différents formats de contenu à utiliser, comment planifier et créer une stratégie de contenu efficace, et comment utiliser les outils de diffusion pour maximiser votre portée. Vous apprendrez également comment mesurer les résultats de vos efforts de marketing de contenu pour continuer à améliorer votre approche au fil du temps.

16.1. Pourquoi Utiliser le Marketing de Contenu ?

Le marketing de contenu repose sur la création et la diffusion de **contenus pertinents** et utiles pour votre audience cible. Il ne s'agit pas seulement de promouvoir vos produits ou services, mais de fournir des informations précieuses qui répondent aux besoins ou aux problèmes de vos clients potentiels. Cette approche présente plusieurs avantages significatifs pour votre entreprise.

16.1.1. Attirer des clients de manière organique

Contrairement à la publicité traditionnelle qui interrompt le parcours de vos clients potentiels, le marketing de contenu permet d'**attirer des clients de manière naturelle**. En créant du contenu qui répond aux questions ou aux défis auxquels vos clients font face, vous les encouragez à venir vers vous de leur propre gré, en cherchant des solutions à leurs problèmes.

Exemple : Une entreprise qui propose des logiciels de gestion peut créer des articles de blog sur des sujets comme "Comment améliorer la productivité de votre équipe avec des outils numériques". Ce type de contenu aide à attirer des clients potentiels qui recherchent des solutions spécifiques à leurs besoins.

16.1.2. Renforcer votre crédibilité et établir une relation de confiance

Créer du contenu pertinent vous permet de **démontrer votre expertise** dans votre domaine. Cela montre que vous comprenez les besoins de vos clients et que vous êtes en mesure de les aider à résoudre leurs problèmes. En fournissant régulièrement des informations utiles, vous renforcez votre crédibilité et **établissez une relation de confiance** avec votre audience.

16.1.3. Générer du trafic et des leads qualifiés

Le contenu pertinent est non seulement utile pour vos clients potentiels, mais il est aussi apprécié par les moteurs de recherche comme Google. En optimisant votre contenu pour le SEO (référencement naturel), vous pouvez attirer plus de visiteurs vers votre site web et **générer des leads qualifiés**. Ces visiteurs sont plus susceptibles de devenir des clients, car ils sont déjà intéressés par ce que vous proposez.

16.1.4. Favoriser la fidélité à long terme

Le marketing de contenu ne se limite pas à attirer de nouveaux clients, il joue également un rôle clé dans la **fidélisation des clients existants**. En continuant à leur fournir du contenu pertinent après l'achat, vous renforcez leur engagement et les incitez à rester fidèles à votre marque.

16.2. Les Différents Types de Contenu à Créer

Le marketing de contenu offre une multitude de formats, chacun ayant ses avantages selon votre public cible et vos objectifs. Il est important de diversifier votre contenu pour toucher un public plus large et pour offrir différentes façons d'interagir avec votre marque.

16.2.1. Les articles de blog

Les **articles de blog** sont l'un des piliers du marketing de contenu. Ils permettent de fournir des informations approfondies sur un sujet particulier tout en optimisant votre site pour le référencement naturel (SEO). Un blog bien entretenu attire du trafic constant et offre une excellente plateforme pour démontrer votre expertise.

- **Exemple d'articles de blog** : Si vous êtes dans le secteur de la santé, vous pouvez écrire des articles sur des sujets comme "Les bienfaits de la méditation pour la santé mentale" ou "Comment choisir le bon complément alimentaire".
- **Fréquence** : Pour maximiser l'impact, il est conseillé de publier des articles de blog de manière régulière, par exemple une fois par semaine.

16.2.2. Les vidéos

Les **vidéos** sont de plus en plus populaires car elles permettent de **capturer l'attention** rapidement et d'expliquer des concepts de manière plus engageante. Les vidéos peuvent être utilisées pour montrer vos produits en action, proposer des tutoriels ou partager des témoignages de clients.

- **Exemple de vidéo** : Un fabricant de meubles peut créer une vidéo montrant comment assembler facilement un de ses produits ou expliquant les avantages d'utiliser du bois durable dans ses créations.
- **Formats de vidéos** : Vous pouvez créer des vidéos courtes pour les réseaux sociaux ou des vidéos plus longues pour YouTube et votre site web.

16.2.3. Les infographies

Les **infographies** sont un excellent moyen de rendre des informations complexes plus accessibles. Elles permettent de **visualiser des données** ou des processus d'une manière claire et attrayante. Ce type de contenu est particulièrement apprécié car il est facile à partager sur les réseaux sociaux et génère souvent beaucoup d'engagement.

- **Exemple d'infographie** : Une agence de marketing digital peut créer une infographie qui explique le processus de création d'une stratégie de marketing de contenu en cinq étapes simples.

16.2.4. Les livres blancs et les e-books

Les **livres blancs** et les **e-books** sont des contenus longs et approfondis qui permettent d'explorer un sujet complexe en détail. Ils sont souvent utilisés pour démontrer une expertise plus technique ou pour fournir des guides complets à un public spécifique. Ces formats sont également efficaces pour **générer des leads**, car les utilisateurs sont souvent prêts à fournir leur adresse email en échange de ces ressources.

- **Exemple de livre blanc** : Un consultant en cybersécurité pourrait offrir un livre blanc intitulé "Les meilleures pratiques pour protéger votre entreprise contre les cyberattaques".
- **Fréquence** : Ce type de contenu prend plus de temps à créer, mais il peut avoir un impact durable, surtout lorsqu'il est promu via des campagnes d'emailing.

16.2.5. Les podcasts

Les **podcasts** offrent une manière flexible pour vos clients potentiels d'accéder à du contenu, notamment pendant leurs déplacements ou en travaillant. Ils permettent de discuter de sujets de manière plus informelle et personnelle, tout en explorant des idées plus en profondeur.

- **Exemple de podcast** : Un coach de développement personnel pourrait lancer un podcast hebdomadaire où il interviewe des experts et partage des conseils pratiques sur la gestion du stress et la productivité.

16.3. Créer une Stratégie de Contenu Efficace

Pour que votre marketing de contenu soit efficace, il est essentiel de planifier et d'exécuter une **stratégie de contenu cohérente**. Cela vous aidera à rester organisé, à publier régulièrement et à atteindre vos objectifs de manière plus systématique.

16.3.1. Définir vos objectifs de contenu

Avant de créer du contenu, il est important de savoir **ce que vous voulez accomplir**. Vos objectifs peuvent varier en fonction de votre stade de développement, mais voici quelques exemples courants :

- **Augmenter le trafic sur votre site web** : Vous pouvez créer du contenu optimisé pour le SEO afin d'attirer des visiteurs via les moteurs de recherche.
- **Générer des leads** : Utilisez des livres blancs, des e-books ou des webinaires pour capturer les adresses email des prospects.
- **Éduquer vos clients** : Créez des tutoriels, des guides pratiques et des vidéos explicatives pour aider vos clients à mieux utiliser vos produits ou services.
- **Renforcer votre crédibilité** : Partagez des études de cas, des témoignages clients ou des articles d'experts pour montrer votre expertise.

16.3.2. Identifier votre audience cible

Votre contenu doit être adapté aux **besoins et aux attentes** de votre audience cible. Pour cela, il est essentiel de bien comprendre qui sont vos clients potentiels, quels sont leurs problèmes, et comment vous pouvez les aider. Créez des **personas** pour décrire vos différents types de clients cibles en fonction de leurs caractéristiques démographiques, leurs centres d'intérêt et leurs comportements.

Exemple de persona : "Marie, 35 ans, directrice marketing dans une PME, recherche des solutions pour améliorer la visibilité de son entreprise en ligne. Elle consomme du contenu sur des blogs de marketing et participe régulièrement à des webinaires pour rester à jour sur les dernières tendances."

16.3.3. Planifier votre calendrier de contenu

Une **planification régulière** est essentielle pour maintenir l'engagement de votre audience. Créez un **calendrier éditorial** qui vous permet d'organiser vos publications à l'avance. Cela peut inclure la publication d'un article de blog chaque semaine, une vidéo mensuelle, et des infographies ou des newsletters bimensuelles.

Conseils pour planifier un calendrier de contenu :

- **Varier les formats** : Assurez-vous de diversifier les types de contenu pour ne pas lasser votre audience (par exemple, un mix d'articles de blog, de vidéos et d'infographies).
- **Synchroniser avec les événements saisonniers ou les tendances** : Planifiez des contenus autour des événements majeurs de votre industrie ou des saisons (par exemple, un guide pour les ventes de fin d'année).

16.3.4. Créer du contenu optimisé pour le SEO

Pour maximiser la portée de vos articles de blog et de vos pages web, il est crucial de **travailler sur le référencement naturel** (SEO). Cela vous permettra de générer du trafic organique via les moteurs de recherche. Utilisez des mots-clés pertinents pour votre secteur, créez des titres attractifs, et intégrez des liens internes et externes pour enrichir votre contenu.

Exemple de stratégie SEO :

- **Recherche de mots-clés** : Utilisez des outils comme Google Keyword Planner ou Ahrefs pour identifier les mots-clés que votre audience cible utilise pour rechercher des informations.
- **Optimisation on-page** : Intégrez ces mots-clés de manière naturelle dans vos titres, sous-titres et descriptions.
- **Création de contenu long** : Les articles de blog plus longs (1 500 à 2 000 mots) ont souvent de meilleures performances dans les résultats de recherche.

16.4. Diffuser Votre Contenu et Maximiser Votre Portée

Créer du contenu de qualité est une première étape essentielle, mais pour qu'il soit efficace, il faut également savoir le diffuser efficacement. Cela implique de choisir les bons canaux pour **amplifier votre portée** et toucher votre audience cible là où elle se trouve.

16.4.1. Utiliser les réseaux sociaux pour partager votre contenu

Les **réseaux sociaux** sont des canaux puissants pour diffuser votre contenu et attirer de nouveaux clients. Que vous utilisiez Facebook, LinkedIn, Instagram ou Twitter, chaque plateforme a ses particularités, et il est important d'adapter votre contenu en conséquence.

- **Facebook** : Partagez des articles de blog, des vidéos ou des infographies avec des légendes engageantes. Utilisez les publicités Facebook pour booster les publications clés.
- **LinkedIn** : Idéal pour les entreprises B2B, LinkedIn est une plateforme parfaite pour partager des études de cas, des livres blancs ou des articles d'expertise.
- **Instagram** : Utilisez des visuels attrayants, des infographies et des vidéos courtes pour attirer l'attention. Les stories Instagram peuvent être un excellent moyen de diffuser du contenu temporaire ou des promotions.
- **Twitter** : Idéal pour les contenus courts et les actualités, partagez régulièrement des articles de blog, des citations tirées de votre contenu, ou des liens vers des études plus approfondies.

16.4.2. Utiliser l'email marketing pour promouvoir votre contenu

L'**email marketing** est un excellent moyen de diffuser votre contenu à un public déjà intéressé. Envoyez régulièrement des newsletters contenant vos derniers articles, vidéos ou promotions, et encouragez vos abonnés à partager votre contenu avec leur propre réseau.

Exemple de stratégie d'emailing :

- **Newsletters hebdomadaires ou mensuelles** : Proposez un récapitulatif de vos derniers contenus avec des liens directs vers vos articles de blog, vidéos, ou études de cas.
- **Automatisation des emails** : Utilisez des outils comme Mailchimp ou HubSpot pour envoyer des séquences d'emails automatisés qui partagent progressivement votre contenu avec les nouveaux abonnés.

16.4.3. Collaborer avec des influenceurs ou des partenaires

Les **influenceurs** ou **partenaires de votre secteur** peuvent également vous aider à diffuser votre contenu à une audience plus large. Une collaboration avec un influenceur permet de profiter de sa notoriété pour toucher de nouveaux clients potentiels, tandis que les partenariats avec d'autres entreprises peuvent générer du trafic croisé.

Exemple de collaboration :

- **Co-création de contenu** : Partenaire avec un expert ou une autre entreprise pour créer ensemble un livre blanc, une infographie, ou organiser un webinaire. Chacun des partenaires peut ensuite partager le contenu avec son propre réseau.
- **Marketing d'influence** : Identifiez des influenceurs dans votre domaine qui partagent des valeurs similaires et proposez-leur de promouvoir votre contenu en échange de produits gratuits ou d'une rémunération.

16.5. Mesurer l'Impact de Votre Marketing de Contenu

Pour savoir si votre stratégie de contenu fonctionne, il est essentiel de **mesurer les résultats** de vos efforts et d'analyser les performances de chaque type de contenu. Cela vous permet d'identifier ce qui fonctionne le mieux et d'améliorer continuellement votre stratégie.

16.5.1. Suivre les indicateurs de performance clés (KPIs)

Les **KPIs** vous permettent d'évaluer l'efficacité de votre contenu en fonction de vos objectifs initiaux. Voici quelques indicateurs importants à suivre :

- **Le trafic sur le site web** : Mesurez le nombre de visiteurs qui arrivent sur votre site web grâce à votre contenu.
- **Le taux de conversion** : Suivez combien de visiteurs se transforment en leads ou en clients après avoir interagi avec votre contenu.
- **Le taux d'engagement** : Analysez combien de fois votre contenu est partagé, commenté ou aimé sur les réseaux sociaux.
- **Le temps passé sur la page** : Ce KPI indique si les utilisateurs trouvent votre contenu utile et prennent le temps de le lire en entier.

16.5.2. Ajuster votre stratégie en fonction des résultats

Après avoir collecté des données, il est important d'**ajuster votre stratégie** en fonction des performances de votre contenu. Par exemple, si vous remarquez que les articles de blog sur un sujet particulier génèrent beaucoup de trafic, vous pouvez créer davantage de contenu similaire. Si certaines vidéos n'attirent pas d'audience, vous pouvez tester différents formats ou sujets pour voir ce qui fonctionne mieux.

Utiliser le Marketing de Contenu pour Attirer et Fidéliser des Clients

Le **marketing de contenu** est une approche puissante pour attirer et fidéliser des clients tout en renforçant votre crédibilité et en améliorant votre visibilité en ligne. En créant régulièrement du contenu pertinent et de qualité, vous pouvez non seulement répondre aux besoins de votre audience, mais aussi les engager de manière plus authentique et durable.

En suivant une stratégie bien définie et en mesurant régulièrement les résultats de vos efforts, vous serez en mesure d'ajuster vos actions et d'améliorer votre marketing de contenu au fil du temps. Cette approche à long terme vous aidera à développer une base de clients fidèles, tout en positionnant votre entreprise comme une autorité dans votre domaine.

17.S'appuyer sur le Bouche-à-Oreille

Le **bouche-à-oreille** est une des méthodes les plus puissantes et les plus authentiques pour faire croître une entreprise, surtout lors de ses premières phases. Lorsqu'un client satisfait recommande votre produit ou service à d'autres, cette recommandation a un poids bien plus important que toute publicité payante ou tout autre type de marketing. Le **bouche-à-oreille** repose sur la confiance entre les individus, et il est souvent perçu comme plus crédible et plus influent.

Dans ce chapitre, nous allons explorer comment vous pouvez **encourager le bouche-à-oreille**, transformer vos premiers clients en ambassadeurs de votre marque, et bâtir une communauté de clients fidèles qui vont promouvoir votre entreprise de manière organique. Nous verrons également des stratégies pour amplifier ce processus, en passant par des techniques comme les programmes de parrainage, la gestion des avis clients, et l'engagement sur les réseaux sociaux.

17.1. Pourquoi le Bouche-à-Oreille est Essentiel pour Votre Entreprise

Le **bouche-à-oreille** est particulièrement efficace car il repose sur des recommandations personnelles, qui sont généralement considérées comme plus honnêtes et désintéressées. En tant qu'entrepreneur, vous avez tout intérêt à encourager vos premiers clients à partager leur expérience positive, car cela peut non seulement attirer de nouveaux clients, mais également **renforcer la crédibilité** et la réputation de votre entreprise.

17.1.1. Le pouvoir de la recommandation personnelle

Les recommandations personnelles sont perçues comme étant plus crédibles que les publicités classiques. En effet, lorsque quelqu'un recommande un produit ou un service à un ami ou à un proche, cette recommandation est basée sur la confiance et l'expérience vécue. Selon une étude Nielsen, **92 % des consommateurs** font confiance aux recommandations de leurs proches plus qu'à toute autre forme de publicité.

17.1.2. Un coût de marketing réduit

Le bouche-à-oreille peut également contribuer à réduire vos **coûts de marketing**. Lorsque vos clients parlent de vous autour d'eux, vous bénéficiez d'une forme de promotion gratuite. Il s'agit d'un mécanisme de croissance **organique**, qui ne nécessite pas un gros budget publicitaire, mais plutôt une stratégie visant à encourager la satisfaction et la recommandation client.

17.1.3. Créer une communauté autour de votre marque

Le bouche-à-oreille permet également de **bâtir une communauté** de clients fidèles et engagés. Plus vos clients parlent de vous, plus ils s'attachent à votre marque, ce qui favorise leur fidélité à long terme. Une communauté engagée autour de votre marque peut devenir l'un des moteurs de votre croissance, surtout si cette communauté se développe autour de valeurs partagées ou d'une passion commune.

17.2. Fournir une Expérience Client Exceptionnelle

La première étape pour encourager le **bouche-à-oreille** est de vous assurer que vos clients ont une **expérience exceptionnelle** avec votre produit ou service. Si vos clients sont satisfaits, ils seront naturellement plus enclins à parler de vous à leurs amis, collègues et proches.

17.2.1. La qualité du produit ou du service

La qualité de votre produit ou service est le premier levier de satisfaction client. Si votre offre ne répond pas aux attentes des clients, il est peu probable qu'ils la recommandent à d'autres. Veillez à ce que votre produit ou service non seulement remplisse sa promesse, mais qu'il dépasse également les attentes des clients.

- **Fiabilité** : Votre produit ou service doit être fiable et fonctionner comme prévu. Un produit défectueux ou un service de mauvaise qualité nuira à votre réputation.

- **Satisfaction des besoins** : Assurez-vous que votre offre répond réellement aux besoins de votre cible. Pour cela, n'hésitez pas à recueillir des retours dès les premières ventes afin d'identifier d'éventuelles améliorations.

17.2.2. Offrir un excellent service client

Le **service client** joue également un rôle central dans la promotion du bouche-à-oreille. Un client satisfait par la qualité de l'interaction avec votre service client sera plus enclin à partager son expérience positive. Les consommateurs sont souvent plus impressionnés par la façon dont les entreprises traitent les problèmes que par l'absence de problèmes.

- **Disponibilité** : Soyez réactif et disponible pour répondre aux questions ou aux préoccupations des clients. Un service client rapide et efficace peut transformer une expérience moyenne en une expérience mémorable.
- **Personnalisation** : Offrez une attention personnalisée à vos clients. Prenez le temps de comprendre leurs besoins spécifiques et de leur proposer des solutions adaptées.
- **Gestion des plaintes** : En cas de problème, prenez les plaintes au sérieux et réglez-les rapidement. La manière dont vous traitez une plainte peut déterminer si un client insatisfait deviendra un détracteur ou un ambassadeur.

17.3. Encourager Vos Clients à Parler de Vous

Même si un client est satisfait, il ne pensera pas toujours à parler de vous. Il est donc important de **les encourager activement** à le faire. Cela peut se faire par des moyens subtils, en demandant des retours, ou plus directement, en mettant en place des **incentives** pour encourager les recommandations.

17.3.1. Demander des témoignages ou des avis en ligne

Un des moyens les plus simples d'encourager le bouche-à-oreille est de **demander des témoignages ou des avis en ligne**. Les clients qui ont vécu une bonne expérience seront souvent prêts à partager leur opinion si vous leur demandez gentiment.

- **Envoyer un email de suivi** : Après un achat ou une prestation, envoyez un email de suivi pour demander un avis ou un témoignage. Vous pouvez inclure un lien direct vers des plateformes comme Google My Business, Yelp, ou Trustpilot.
- **Faciliter la démarche** : Plus il est facile pour vos clients de laisser un avis, plus ils seront enclins à le faire. Fournissez des liens directs et simplifiez le processus au maximum.

Exemple : "Merci d'avoir choisi notre service ! Nous espérons que vous avez été satisfait. Nous serions ravis que vous partagiez votre avis sur Google pour aider d'autres clients à découvrir nos services."

17.3.2. Créer un programme de parrainage

Les **programmes de parrainage** sont un moyen très efficace d'encourager le bouche-à-oreille. En offrant une récompense à vos clients pour chaque nouveau client qu'ils vous amènent, vous les incitez à partager activement leur expérience avec leur entourage.

- **Récompensez à la fois le parrain et le filleul** : Pour maximiser l'efficacité de votre programme de parrainage, il est préférable de récompenser à la fois le client qui fait la recommandation (le parrain) et le nouveau client (le filleul). Cela peut être sous forme de réductions, de cadeaux ou de crédits.
- **Rendre le processus simple et transparent** : La réussite d'un programme de parrainage repose sur sa simplicité. Facilitez la recommandation en fournissant des liens personnalisés ou des codes de parrainage.

Exemple : "Invitez un ami à découvrir notre service et recevez 10 % de réduction sur votre prochaine commande, tandis que votre ami bénéficiera de la livraison gratuite !"

17.3.3. Inciter au partage sur les réseaux sociaux

Les **réseaux sociaux** jouent un rôle clé dans la propagation du bouche-à-oreille à une plus grande échelle. Encouragez vos clients à partager leur expérience sur leurs comptes personnels, en organisant par exemple des concours ou en leur demandant de publier des photos de vos produits.

- **Créer des hashtags de marque** : Proposez un hashtag unique et encouragez vos clients à l'utiliser lorsqu'ils parlent de vos produits. Cela vous permet de suivre les conversations et d'interagir avec vos clients.
- **Concours et giveaways** : Organisez des concours sur les réseaux sociaux où vos clients peuvent participer en partageant une photo ou un avis sur votre produit. Offrez des récompenses intéressantes comme des produits gratuits ou des réductions pour attirer plus de participants.

Exemple : "Partagez une photo de votre produit préféré avec le hashtag #MaMarque et tentez de gagner une carte cadeau de 50€ !"

17.4. Amplifier le Bouche-à-Oreille avec des Partenariats et des Influenceurs

Les partenariats avec d'autres entreprises et les collaborations avec des **influenceurs** peuvent amplifier votre stratégie de bouche-à-oreille en vous permettant de toucher un public plus large. Ces collaborations sont souvent perçues comme plus authentiques que les publicités traditionnelles, et elles peuvent renforcer la crédibilité de votre marque.

17.4.1. Collaborer avec des entreprises complémentaires

Les **partenariats stratégiques** avec des entreprises complémentaires sont une excellente manière de toucher une nouvelle audience sans avoir à dépenser de grosses sommes en marketing. En collaborant avec une entreprise qui propose un produit ou service complémentaire au vôtre, vous pouvez accéder à sa clientèle et bénéficier de recommandations croisées.

Exemple : Si vous vendez des accessoires de sport, vous pourriez collaborer avec un studio de fitness local pour organiser un événement conjoint où vous présentez vos produits à leurs clients, et inversement.

17.4.2. Travailler avec des influenceurs

Les **influenceurs** jouent un rôle central dans le marketing moderne, en particulier sur les réseaux sociaux. Ils ont la capacité de **promouvoir votre marque** auprès de leurs abonnés, ce qui peut augmenter considérablement votre visibilité et renforcer votre crédibilité. Il est important de choisir des influenceurs dont les valeurs et l'audience sont alignées avec votre marque.

- **Micro-influenceurs** : Les micro-influenceurs, avec une audience plus restreinte mais très engagée, peuvent être plus efficaces et abordables que les macro-influenceurs. Ils sont souvent perçus comme plus authentiques et leur communauté est plus engagée.
- **Collaborations authentiques** : Pour que la collaboration avec un influenceur fonctionne, elle doit paraître authentique. Encouragez les influenceurs à partager leur véritable expérience avec votre produit plutôt qu'un simple message promotionnel.

Exemple : Si vous vendez des cosmétiques naturels, vous pouvez collaborer avec un influenceur beauté qui partage régulièrement des produits respectueux de l'environnement avec son audience. Vous pouvez lui offrir des produits gratuits en échange d'une critique honnête.

17.5. Fidéliser Vos Clients pour Encourager le Bouche-à-Oreille Durable

Le **bouche-à-oreille** ne se limite pas à obtenir une recommandation après un premier achat. Pour maximiser son impact à long terme, il est essentiel de **fidéliser vos clients**. Un client fidèle, satisfait de son expérience avec votre entreprise, parlera naturellement de vous, sans même que vous ayez besoin de l'encourager.

17.5.1. Créer un programme de fidélité

Un **programme de fidélité** peut inciter vos clients à revenir régulièrement, tout en les encourageant à parler de vous à leur entourage. Offrez des avantages pour chaque achat ou recommandation, et veillez à ce que le programme soit suffisamment attrayant pour fidéliser votre clientèle.

Exemple : "Pour chaque 10€ dépensés, gagnez 1 point de fidélité. Une fois 100 points accumulés, bénéficiez de 20% de réduction sur votre prochain achat."

17.5.2. Offrir des surprises et des cadeaux

Les **surprises** et **gestes de reconnaissance** peuvent grandement influencer la perception de vos clients et les encourager à vous recommander. En offrant des petits cadeaux ou des offres exclusives à vos clients fidèles, vous créez une expérience mémorable qui sera difficile à oublier.

Exemple : Un fleuriste pourrait inclure une petite carte personnalisée ou un petit bouquet supplémentaire pour remercier ses clients réguliers lors d'une commande.

17.5.3. Solliciter des retours réguliers pour améliorer l'expérience

Pour encourager un **bouche-à-oreille** constant, il est essentiel d'améliorer continuellement l'expérience client. Sollicitez régulièrement des retours et utilisez ces informations pour affiner votre offre. Les clients apprécient quand leur avis est pris en compte, et cela les encourage à s'engager davantage avec votre marque.

Exemple : "Nous aimerions connaître votre opinion sur notre service. Qu'est-ce que nous pourrions améliorer pour rendre votre expérience encore meilleure ?"

17.6. Mesurer l'Impact du Bouche-à-Oreille

Il est important de **mesurer l'impact** de vos efforts en matière de bouche-à-oreille afin de comprendre quelles stratégies fonctionnent le mieux et où vous pouvez améliorer votre approche. Voici quelques moyens de suivre et d'évaluer vos résultats :

17.6.1. Suivre les recommandations clients

Utilisez des outils pour **suivre les recommandations** faites par vos clients. Si vous avez un programme de parrainage, cela peut être aussi simple que de suivre les parrainages réalisés et de comparer les résultats aux attentes. Si vous n'avez pas de programme formel, demandez à vos nouveaux clients comment ils ont entendu parler de vous.

17.6.2. Utiliser les enquêtes de satisfaction

Les **enquêtes de satisfaction client** peuvent inclure des questions sur la probabilité que vos clients recommandent votre entreprise à d'autres. L'un des outils les plus utilisés est le **Net Promoter Score (NPS)**, qui mesure la fidélité et la disposition de vos clients à recommander votre entreprise.

Exemple : "Sur une échelle de 1 à 10, quelle est la probabilité que vous recommandiez notre service à un ami ou un collègue ?"

17.6.3. Analyser les mentions sur les réseaux sociaux

Les **réseaux sociaux** sont un excellent indicateur de la portée de votre bouche-à-oreille. Analysez les mentions de votre marque, les partages et les interactions. Vous pouvez utiliser des outils de suivi des réseaux sociaux pour mesurer les mentions et la portée de vos hashtags de marque.

Maximiser la Puissance du Bouche-à-Oreille pour Développer Votre Entreprise

Le **bouche-à-oreille** est un levier puissant pour développer votre entreprise de manière organique et authentique. En fournissant une expérience client exceptionnelle, en encourageant activement les recommandations et en tirant parti des réseaux sociaux et des influenceurs, vous pouvez bâtir une base de clients fidèles qui seront vos meilleurs ambassadeurs.

Pour maximiser l'impact de cette stratégie, il est essentiel d'**entretenir des relations durables** avec vos clients, d'offrir des programmes de fidélité attrayants, et de toujours chercher à améliorer leur expérience. Le bouche-à-oreille peut non seulement attirer de nouveaux clients, mais aussi renforcer la réputation et la crédibilité de votre entreprise à long terme.

18.Créer un Système de Référencement Clients

La **fidélisation des clients** et le **parrainage** sont deux stratégies essentielles pour assurer la croissance organique de votre entreprise. L'acquisition de nouveaux clients via un **système de référencement** est souvent moins coûteuse et plus efficace que les méthodes traditionnelles de marketing. En créant un programme de référencement client bien conçu, vous encouragez vos clients existants à devenir des ambassadeurs de votre marque, tout en stimulant l'engagement et la fidélité.

Dans ce chapitre, nous allons explorer en détail comment créer un **système de référencement client** solide et efficace. Nous aborderons les différentes étapes pour mettre en place un programme de parrainage, les meilleures stratégies de fidélisation, et les outils qui vous aideront à suivre les performances de votre programme. Vous apprendrez également comment motiver vos clients à participer et comment mesurer le succès de vos efforts pour ajuster et optimiser continuellement votre approche.

18.1. Pourquoi un Système de Référencement est Essentiel pour Votre Entreprise

Un **système de référencement client** consiste à mettre en place des incitations pour que vos clients existants vous recommandent à d'autres. Un programme de parrainage bien structuré offre des avantages à la fois pour les clients actuels et pour les nouveaux clients, tout en créant une boucle de croissance organique.

18.1.1. Acquisition de nouveaux clients à moindre coût

Le coût d'acquisition de clients via la publicité traditionnelle peut être élevé, surtout pour les petites entreprises. Un programme de parrainage permet de **réduire ces coûts**, car ce sont vos clients satisfaits qui jouent le rôle d'ambassadeurs. En partageant leur expérience positive, ils vous aident à attirer de nouveaux clients sans que vous ayez à investir autant dans la publicité payante.

18.1.2. Accroître la confiance grâce à la recommandation

Les **recommandations** de la part de clients existants sont généralement perçues comme plus authentiques et fiables que la publicité classique. Les consommateurs sont plus enclins à faire confiance à l'avis d'un ami ou d'un proche, ce qui rend le système de parrainage particulièrement puissant. En mettant en place un programme de référencement, vous pouvez **accroître la confiance** que les nouveaux clients ont envers votre marque avant même de faire leur premier achat.

18.1.3. Renforcer la fidélité des clients existants

Un programme de fidélisation peut non seulement encourager vos clients à rester fidèles à votre entreprise, mais aussi les inciter à promouvoir activement vos produits ou services. En les récompensant pour leurs efforts de parrainage, vous **renforcez leur engagement** envers votre marque, ce qui augmente la rétention à long terme.

18.2. Les Différents Types de Programmes de Référencement

Un **programme de référencement** peut prendre plusieurs formes en fonction de la nature de votre entreprise, de vos clients et de vos objectifs commerciaux. Voici quelques types de systèmes de référencement que vous pouvez envisager.

18.2.1. Le parrainage classique

Dans un programme de **parrainage classique**, vos clients existants recommandent votre entreprise à d'autres personnes en échange d'une récompense. Cela peut se faire à travers un **code de parrainage** unique ou un lien personnalisé que vos clients peuvent partager.

- **Récompenses pour le parrain** : Offrez une récompense (réduction, produit gratuit, points de fidélité) à chaque client qui amène un nouveau client.

- **Récompenses pour le filleul** : Pour inciter les nouveaux clients à s'inscrire ou à acheter, offrez-leur également une récompense (réduction de bienvenue, essai gratuit).

Exemple : "Invitez un ami à s'inscrire et recevez 10€ de réduction sur votre prochaine commande. Votre ami bénéficiera également de 10€ de réduction sur son premier achat."

18.2.2. Le programme de fidélisation avec récompenses progressives

Dans un programme de **fidélisation avec récompenses progressives**, vous récompensez vos clients non seulement pour chaque parrainage, mais aussi pour leur fidélité et leur engagement à long terme. Plus ils achètent ou vous recommandent, plus ils gagnent des récompenses.

- **Cumul de points** : À chaque achat ou parrainage, le client accumule des points qu'il peut échanger contre des produits gratuits, des réductions ou des avantages exclusifs.
- **Récompenses par paliers** : Plus le client est fidèle (parrainages multiples, achats réguliers), plus il atteint des paliers qui lui donnent accès à des récompenses plus importantes.

Exemple : "Gagnez 1 point pour chaque euro dépensé et 10 points pour chaque nouveau client parrainé. Accumulez 100 points pour recevoir une réduction de 20 % sur votre prochain achat."

18.2.3. Le programme d'affiliation

Le **programme d'affiliation** est similaire au parrainage, mais il est souvent utilisé par les entreprises qui souhaitent collaborer avec des influenceurs ou des partenaires commerciaux pour attirer de nouveaux clients. Contrairement au parrainage classique, les affiliés reçoivent une commission basée sur les ventes générées via leurs recommandations.

- **Commissions sur les ventes** : Offrez un pourcentage de chaque vente générée via un affilié. Cela peut être un taux fixe (par exemple, 10 % par vente) ou un montant spécifique.
- **Suivi par lien d'affiliation** : Les affiliés reçoivent un lien unique qu'ils peuvent partager. Les ventes sont suivies à l'aide de ce lien pour garantir que les affiliés reçoivent leurs commissions.

Exemple : "Devenez affilié et gagnez 10 % de commission sur chaque vente générée grâce à votre lien personnalisé."

18.2.4. Les promotions événementielles

Dans certains cas, vous pouvez mettre en place des **campagnes de parrainage limitées dans le temps** pour créer un sentiment d'urgence et inciter vos clients à recommander votre entreprise à un maximum de personnes dans une période donnée.

- **Offres spéciales pour une durée limitée** : Organisez un événement spécial où vos clients peuvent obtenir des récompenses supplémentaires pour chaque parrainage effectué dans un délai spécifique.
- **Compétitions de parrainage** : Proposez des concours où les clients qui amènent le plus de nouveaux clients dans une période donnée peuvent gagner des prix exclusifs.

Exemple : "Pendant le mois de décembre, chaque parrainage vous rapporte deux fois plus de points ! Le client ayant le plus grand nombre de parrainages remportera un lot spécial de produits d'une valeur de 500 €."

18.3. Créer et Lancer un Programme de Parrainage

Pour que votre programme de parrainage soit efficace, il est important de le concevoir de manière à **motiver vos clients** tout en restant simple à comprendre et à utiliser. Voici les étapes à suivre pour créer et lancer un programme de parrainage réussi.

18.3.1. Définir les objectifs du programme

Avant de concevoir les détails de votre programme de parrainage, il est essentiel de **définir vos objectifs**. Ceux-ci détermineront la structure et les incitations de votre programme. Quelques objectifs courants incluent :

- **Augmenter les ventes** : Vous voulez encourager vos clients à amener de nouveaux clients qui achèteront vos produits.
- **Améliorer la fidélité** : Votre objectif est de renforcer la fidélité de vos clients en les récompensant pour leur engagement à long terme.
- **Élargir votre audience** : Vous cherchez à augmenter votre visibilité en touchant de nouveaux segments de marché via des recommandations.

18.3.2. Choisir les récompenses incitatives

Les **récompenses** sont l'un des principaux facteurs qui motivent vos clients à participer à un programme de parrainage. Assurez-vous que les incitations que vous proposez sont suffisamment attractives pour encourager vos clients à faire l'effort de vous recommander.

- **Réductions** : Offrez un pourcentage de réduction pour chaque parrainage. Cela fonctionne bien pour les boutiques en ligne ou les services avec achats récurrents.
- **Produits gratuits ou exclusifs** : Offrez un produit gratuit ou un accès anticipé à de nouveaux produits pour les parrains ayant amené un certain nombre de nouveaux clients.
- **Crédits** : Offrez des crédits ou bons d'achat à utiliser lors des prochains achats.

Exemple : "Parrainez un ami et recevez un bon d'achat de 15 €, valable sur votre prochaine commande."

18.3.3. Simplifier le processus de parrainage

Pour que votre programme fonctionne, il doit être **simple et intuitif** pour vos clients. Un processus trop complexe risque de décourager les clients potentiels, même s'ils sont intéressés.

- **Offrir des outils faciles à utiliser** : Créez des **liens personnalisés** ou des **codes de parrainage** que vos clients peuvent facilement partager avec leurs amis ou sur les réseaux sociaux.
- **Expérience utilisateur fluide** : Assurez-vous que le processus d'inscription et d'utilisation du programme est fluide. Si vos clients doivent passer trop de temps à comprendre ou à utiliser le programme, ils abandonneront.

Exemple : "Partagez ce lien unique avec vos amis. Chaque fois qu'ils s'inscrivent, vous recevrez une récompense."

18.3.4. Promouvoir le programme de parrainage

Une fois que votre programme est mis en place, il est essentiel de le **promouvoir activement** auprès de vos clients. Utilisez tous vos canaux de communication pour informer vos clients de l'existence du programme et des avantages qu'ils peuvent en tirer.

- **Emails** : Envoyez une newsletter ou des emails ciblés pour expliquer le programme et encourager vos clients à y participer.
- **Réseaux sociaux** : Créez des publications dédiées sur vos plateformes sociales pour promouvoir le programme. Vous pouvez également utiliser des publicités payantes pour toucher une audience plus large.
- **Site web** : Mettez en avant le programme de parrainage sur votre site web, notamment sur la page d'accueil et lors du processus de commande.

Exemple : "Découvrez notre programme de parrainage ! Invitez un ami et recevez des avantages exclusifs. Rendez-vous sur notre site pour en savoir plus."

18.4. Fidéliser Vos Clients à Long Terme avec des Programmes de Fidélisation

En parallèle du parrainage, un **programme de fidélisation** est une excellente manière de renforcer l'engagement des clients à long terme. Les programmes de fidélité visent à récompenser les clients pour leurs achats répétés, mais aussi pour leur engagement global avec votre marque.

18.4.1. Créer un programme de fidélité basé sur les points

Un **programme de fidélité basé sur les points** est l'une des méthodes les plus courantes pour encourager la rétention des clients. Chaque fois qu'un client effectue un achat ou effectue une action spécifique (comme laisser un avis ou parrainer un ami), il accumule des points qu'il peut échanger contre des récompenses.

- **Accumulation de points** : Les clients gagnent des points pour chaque euro dépensé, ou pour d'autres actions comme le partage sur les réseaux sociaux ou les recommandations.
- **Récompenses** : Offrez des récompenses attractives comme des réductions, des produits gratuits ou des cadeaux exclusifs en fonction des points accumulés.

Exemple : "Gagnez 1 point pour chaque euro dépensé et échangez vos points contre des réductions ou des produits gratuits."

18.4.2. Offrir des récompenses exclusives pour la fidélité à long terme

Pour encourager la **fidélité à long terme**, vous pouvez mettre en place des récompenses supplémentaires pour les clients qui atteignent certains seuils d'engagement. Cela permet de renforcer l'attachement à votre marque et de faire en sorte que vos meilleurs clients se sentent valorisés.

- **Statuts VIP** : Offrez des niveaux de fidélité comme des statuts VIP, où les clients les plus fidèles obtiennent des avantages supplémentaires (livraison gratuite, accès anticipé à des promotions, invitations à des événements privés).
- **Cadeaux de fidélité** : Envoyez des cadeaux ou des surprises aux clients qui atteignent un certain nombre d'achats ou d'années de fidélité avec votre entreprise.

Exemple : "Devenez membre VIP après 10 achats et profitez d'avantages exclusifs, dont la livraison gratuite et des promotions réservées aux membres."

18.4.3. Créer des expériences uniques pour vos clients fidèles

La fidélisation ne se limite pas aux récompenses matérielles. Vous pouvez également **créer des expériences uniques** pour vos clients les plus fidèles. Cela peut inclure des événements spéciaux, des rencontres avec des experts ou des offres personnalisées en fonction de leurs préférences.

- **Événements exclusifs** : Invitez vos meilleurs clients à des événements spéciaux (lancements de produits, visites privées de votre boutique, webinaires).
- **Offres personnalisées** : Utilisez les données sur les préférences de vos clients pour leur envoyer des offres personnalisées, en fonction de leurs achats passés.

Exemple : "Merci pour votre fidélité ! En tant que client VIP, vous êtes invité à notre événement privé pour découvrir en avant-première notre nouvelle collection."

18.5. Suivre et Analyser les Performances de Votre Système de Référencement

Une fois que votre programme de parrainage ou de fidélisation est en place, il est essentiel de **suivre les performances** afin d'identifier ce qui fonctionne bien et ce qui peut être amélioré. Voici quelques indicateurs clés à surveiller.

18.5.1. Nombre de nouveaux clients parrainés

Le premier indicateur de succès est le **nombre de nouveaux clients** que votre programme de parrainage génère. Comparez ce nombre à vos objectifs initiaux et analysez la répartition des recommandations : quels clients sont les plus actifs dans le programme ? Quel type de récompense semble motiver le plus de parrainages ?

18.5.2. Taux de conversion des parrainages

Surveillez également le **taux de conversion** des parrainages, c'est-à-dire combien de nouveaux clients invités par vos parrains se convertissent réellement en clients payants. Si ce taux est faible, il peut être nécessaire de revoir vos incitations ou de simplifier le processus pour les nouveaux clients.

18.5.3. Valeur vie client (CLV)

Un bon programme de fidélisation doit augmenter la **valeur vie client** (ou Customer Lifetime Value, CLV). Cela correspond aux revenus générés par un client tout au long de sa relation avec votre entreprise. Si vos clients fidèles augmentent leur fréquence d'achat ou achètent des produits de plus grande valeur, cela signifie que votre programme fonctionne bien.

18.5.4. Satisfaction et engagement des clients

Enfin, il est important de mesurer le niveau de **satisfaction** et d'**engagement** de vos clients avec votre programme. Vous pouvez le faire en envoyant des enquêtes de satisfaction, en recueillant des avis sur les réseaux sociaux ou en suivant les interactions des clients avec votre programme.

Créer un Système de Référencement pour une Croissance Organique

Mettre en place un **système de référencement client** efficace est un excellent moyen de stimuler la croissance de votre entreprise de manière organique, tout en renforçant la fidélité de vos clients existants. En offrant des récompenses attractives pour les recommandations et en simplifiant le processus, vous pouvez transformer vos clients en ambassadeurs qui vous aideront à attirer de nouveaux clients.

En parallèle, un programme de fidélisation bien conçu incite vos clients à revenir régulièrement, tout en augmentant la valeur de chaque client sur le long terme. En suivant de près les performances de votre système, vous pourrez identifier les opportunités d'amélioration et optimiser continuellement votre programme pour maximiser ses résultats.

19.Développer des Compétences en Négociation

La **négociation** est une compétence essentielle pour tout entrepreneur cherchant à maximiser ses ressources tout en maintenant des relations solides avec ses partenaires, fournisseurs, clients, et même ses employés. Que ce soit pour obtenir de meilleures conditions avec vos fournisseurs, pour établir des partenariats fructueux, ou pour négocier des contrats avec des clients, savoir comment bien négocier vous permet de protéger vos intérêts tout en créant des situations **gagnant-gagnant**.

Dans ce chapitre, nous allons explorer les différentes **stratégies de négociation** qui vous permettront d'obtenir de meilleures conditions sans dépenser plus. Vous apprendrez à préparer vos négociations, à reconnaître les différentes approches de vos interlocuteurs, à utiliser des techniques de négociation éprouvées, et à construire des relations de confiance qui garantissent des accords durables. De plus, nous examinerons comment adapter vos compétences de négociation à différents contextes, que ce soit avec des fournisseurs, des partenaires ou des clients.

19.1. Pourquoi les Compétences en Négociation sont Cruciales pour les Entrepreneurs

La négociation est au cœur de nombreuses décisions d'affaires et constitue une compétence stratégique qui peut avoir un impact direct sur votre succès. En maîtrisant l'art de la négociation, vous pouvez **réduire vos coûts**, **augmenter vos marges**, et **optimiser vos relations** professionnelles.

19.1.1. Obtenir de meilleures conditions sans dépenser plus

L'une des principales raisons pour lesquelles la négociation est essentielle pour les entrepreneurs est qu'elle permet d'obtenir de meilleures conditions d'achat ou de contrat, sans avoir à augmenter votre budget. Par exemple, en négociant les termes de paiement avec vos fournisseurs ou en demandant des remises sur volume, vous pouvez économiser de l'argent, ce qui améliore la rentabilité de votre entreprise.

Exemple : Si vous parvenez à négocier un **délai de paiement plus long** avec votre fournisseur, cela vous permet de conserver votre trésorerie plus longtemps, ce qui peut être crucial pour le bon fonctionnement de votre entreprise.

19.1.2. Construire des relations solides et durables

Les négociations ne doivent pas être perçues comme une confrontation, mais plutôt comme une **opportunité de créer des relations mutuellement bénéfiques**. Un bon négociateur sait qu'il est important de parvenir à un accord satisfaisant pour les deux parties afin de favoriser des relations de confiance à long terme. En établissant une bonne relation dès le départ, vous vous assurez des collaborations fructueuses et durables.

19.1.3. Renforcer votre position concurrentielle

En obtenant des conditions avantageuses par la négociation, vous renforcez également votre position concurrentielle sur le marché. Par exemple, si vous parvenez à réduire vos coûts d'approvisionnement tout en maintenant la qualité de vos produits ou services, vous pouvez offrir des prix plus compétitifs à vos clients, tout en augmentant vos marges.

19.2. Se Préparer pour une Négociation Réussie

Une bonne négociation repose sur une **préparation minutieuse**. Se préparer à une négociation signifie comprendre les enjeux, identifier vos objectifs, et anticiper les attentes de l'autre partie. Plus vous êtes préparé, plus vous avez de chances de réussir à obtenir ce que vous voulez, tout en restant flexible pour trouver un terrain d'entente.

19.2.1. Identifier vos objectifs et vos priorités

Avant d'entrer dans une négociation, vous devez être clair sur ce que vous voulez obtenir. Cela implique de **définir vos objectifs** principaux ainsi que vos **priorités**. Par exemple, si vous négociez avec un fournisseur, vos priorités peuvent inclure un prix compétitif, des délais de livraison rapides, et des conditions de paiement flexibles.

Conseil pratique :

- **Fixez des objectifs réalistes** : Déterminez quel est le meilleur scénario (votre objectif idéal) et le scénario minimum acceptable (ce que vous êtes prêt à accepter comme compromis).
- **Connaissez vos marges de manœuvre** : Sachez jusqu'où vous êtes prêt à faire des concessions et sur quels aspects vous ne pouvez pas transiger.

19.2.2. Étudier la partie adverse

Comprendre qui est votre interlocuteur et **quelles sont ses priorités** est également crucial pour une négociation réussie. Faites des recherches sur l'autre partie pour comprendre ses besoins, ses contraintes, et ses motivations. Cela vous permet de mieux anticiper ses attentes et d'adapter votre approche en conséquence.

Conseils pour mieux connaître votre interlocuteur :

- **Renseignez-vous sur l'entreprise** : Consultez les informations publiques disponibles (site web, rapports annuels, articles de presse) pour mieux comprendre sa situation financière, ses objectifs et ses stratégies.
- **Identifiez les enjeux de l'autre partie** : Pensez à ce que votre interlocuteur cherche à obtenir de la négociation. Cela pourrait être un prix compétitif, une relation à long terme, ou encore des conditions de paiement favorables.

19.2.3. Préparer vos arguments et vos contre-offres

Une fois vos objectifs et ceux de votre interlocuteur identifiés, préparez vos **arguments** et vos **contre-offres**. Vous devez être prêt à justifier vos demandes avec des faits concrets, tout en restant ouvert à des alternatives.

- **Listez vos arguments clés** : Pourquoi demandez-vous un prix plus bas ? Quelles concessions êtes-vous prêt à faire pour obtenir un délai de paiement plus long ?
- **Anticipez les objections** : Préparez des réponses aux objections que l'autre partie pourrait soulever. Par exemple, si l'on vous dit que les prix sont déjà au minimum, soyez prêt à proposer un autre levier de négociation, comme une commande plus volumineuse.

19.3. Les Différentes Stratégies de Négociation

La **négociation** est un art qui repose sur diverses stratégies et techniques. Choisir la bonne approche dépend du contexte, des personnes impliquées, et de ce que vous souhaitez obtenir. Voici quelques stratégies couramment utilisées pour améliorer vos compétences en négociation.

19.3.1. La négociation gagnant-gagnant (coopérative)

La stratégie de **négociation gagnant-gagnant** repose sur le principe que les deux parties doivent sortir de la négociation en ayant obtenu quelque chose de bénéfique. Cette approche privilégie la collaboration plutôt que la confrontation, et elle est particulièrement utile lorsque vous souhaitez établir une relation à long terme.

- **Rechercher des solutions mutuellement bénéfiques** : Concentrez-vous sur les points d'accord plutôt que sur les différences, et cherchez à créer de la valeur pour les deux parties.
- **Soyez ouvert aux compromis** : Montrez que vous êtes prêt à faire des concessions si cela permet d'atteindre un accord bénéfique pour tous.

Exemple : Vous négociez un contrat avec un fournisseur et vous proposez d'augmenter les quantités commandées en échange d'une réduction sur les prix, ce qui permet au fournisseur de bénéficier d'une plus grande vente, tout en vous offrant de meilleures conditions tarifaires.

19.3.2. La négociation distributive (compétitive)

La **négociation distributive** est une approche plus compétitive, où l'objectif est de maximiser votre propre gain, souvent au détriment de l'autre partie. Cette stratégie est appropriée dans des situations où vous n'avez pas besoin de maintenir une relation à long terme, ou lorsque vous êtes en position de force.

- **Mettez l'accent sur vos intérêts** : Soyez ferme sur vos objectifs, mais sans compromettre la possibilité de conclure un accord.
- **Fixez des limites claires** : Connaissez vos limites et soyez prêt à vous retirer si la négociation ne vous permet pas d'atteindre vos objectifs.

Exemple : Lors de la négociation d'un contrat ponctuel avec un fournisseur, vous êtes en concurrence avec d'autres acheteurs. Vous pouvez adopter une approche plus ferme en exigeant des prix compétitifs, sans trop vous soucier de la relation à long terme.

19.3.3. La négociation intégrative

La **négociation intégrative** combine des éléments des deux stratégies précédentes. Elle se concentre sur la recherche de **solutions créatives** qui maximisent la valeur pour les deux parties, tout en tenant compte des intérêts de chacun. Cette approche est particulièrement efficace pour résoudre des conflits ou négocier des accords complexes.

- **Identifiez les intérêts sous-jacents** : Plutôt que de vous concentrer uniquement sur les positions (ce que chaque partie demande), essayez de comprendre les intérêts sous-jacents (les raisons pour lesquelles ces demandes sont faites).
- **Soyez créatif** : Cherchez des solutions non conventionnelles qui peuvent satisfaire les deux parties. Cela peut impliquer des échanges de concessions sur différents aspects de l'accord.

Exemple : Vous négociez un partenariat avec une entreprise, et au lieu de simplement discuter des prix ou des conditions de livraison, vous explorez des opportunités de collaboration sur d'autres projets futurs, qui pourraient bénéficier aux deux parties.

19.4. Techniques de Négociation pour Différents Contextes

La manière dont vous négociez peut varier en fonction de l'interlocuteur et du contexte. Voici quelques techniques spécifiques que vous pouvez utiliser pour négocier avec des **fournisseurs**, des **clients**, et des **partenaires**.

19.4.1. Négocier avec des fournisseurs

Lorsque vous négociez avec des **fournisseurs**, l'objectif principal est souvent de réduire les coûts, d'améliorer les délais de livraison ou d'obtenir des conditions de paiement plus flexibles.

- **Négociez les remises sur volume** : Si vous achetez en grande quantité, demandez une réduction en fonction du volume. Les fournisseurs sont souvent prêts à accorder des remises pour des commandes plus importantes.
- **Négociez les délais de paiement** : Un délai de paiement plus long peut vous donner plus de flexibilité en matière de trésorerie. Par exemple, vous pourriez demander des délais de paiement de 60 jours au lieu de 30 jours.
- **Proposez des échanges de services** : Si vous êtes une entreprise de services, vous pouvez négocier des réductions en échange de prestations offertes à votre fournisseur (par exemple, du marketing ou du conseil).

19.4.2. Négocier avec des clients

Lors de la négociation avec des **clients**, l'objectif est souvent d'assurer la vente tout en maintenant une relation équilibrée et profitable. Les clients peuvent demander des réductions ou des ajustements de conditions, mais il est essentiel de protéger vos marges.

- **Défendre votre valeur ajoutée** : Au lieu de simplement offrir une réduction, mettez en avant la valeur de vos produits ou services. Par exemple, expliquez en quoi votre service après-vente ou la qualité de votre produit justifie le prix.
- **Proposer des offres groupées** : Si le client demande une réduction, proposez une **offre groupée** qui inclut des services supplémentaires au lieu de baisser le prix. Cela peut augmenter la valeur perçue sans sacrifier vos marges.
- **Négocier les délais de paiement avec des garanties** : Si un client souhaite un délai de paiement, assurez-vous d'inclure des clauses qui vous protègent, comme des pénalités de retard ou des garanties de paiement.

19.4.3. Négocier avec des partenaires commerciaux

Les négociations avec des **partenaires commerciaux** peuvent inclure la mise en place de **collaborations stratégiques**, comme des partenariats de distribution ou des accords de co-marketing. Dans ce contexte, la clé est de trouver un **équilibre** entre les avantages que vous offrez et ceux que vous obtenez en retour.

- **Clarifiez les objectifs communs** : Assurez-vous que vous et votre partenaire avez des objectifs alignés avant de négocier les détails de l'accord. Cela permet d'éviter les malentendus à long terme.
- **Négociez des engagements mutuels** : Proposez un engagement de volume ou de durée de partenariat en échange de conditions plus avantageuses, comme une meilleure visibilité ou un accès privilégié à leurs clients.
- **Utilisez des clauses d'exclusivité** : Si vous travaillez avec un partenaire stratégique, vous pouvez négocier une clause d'exclusivité pour assurer que vous soyez leur partenaire privilégié dans un certain domaine, tout en leur offrant des conditions attractives.

19.5. Construire des Relations Gagnant-Gagnant à Long Terme

La négociation n'est pas un jeu à somme nulle. Le véritable objectif est souvent de **construire des relations à long terme** qui sont bénéfiques pour les deux parties. En adoptant une approche **gagnant-gagnant**, vous augmentez la probabilité de créer des collaborations durables et fructueuses.

19.5.1. La transparence et la confiance

Pour bâtir une relation solide, la **transparence** et la **confiance** sont essentielles. Soyez honnête quant à vos besoins, vos contraintes, et vos limites. De même, encouragez votre interlocuteur à faire de même. Cela permet de créer une atmosphère de collaboration, plutôt que de confrontation.

- **Partager des informations clés** : Ne cachez pas des informations importantes qui pourraient aider à trouver une solution avantageuse pour les deux parties. Par exemple, si vous avez des contraintes budgétaires, faites-en part pour que l'autre partie comprenne vos besoins.
- **Éviter les tactiques trompeuses** : Les tactiques agressives ou trompeuses peuvent ruiner la relation et vous faire perdre à long terme. Privilégiez une approche où les deux parties se sentent respectées et écoutées.

19.5.2. Éviter de « tout jouer sur une carte »

La négociation ne doit pas se concentrer uniquement sur un aspect comme le prix. En adoptant une approche plus **globale**, vous pouvez créer des accords qui sont bénéfiques à bien des égards. Par exemple, en offrant des avantages non financiers comme une meilleure visibilité ou un partenariat à long terme, vous pouvez conclure des accords plus complets et durables.

- **Proposer des solutions créatives** : Si le prix reste un point de friction, cherchez d'autres éléments sur lesquels vous pouvez négocier (délais, volume, services additionnels).
- **Ne jamais brûler les ponts** : Même si une négociation ne se termine pas comme prévu, laissez toujours la porte ouverte pour de futures discussions. Cela montre votre professionnalisme et permet de revenir plus tard sur des termes différents.

19.6. Mesurer le Succès de Vos Négociations

Enfin, il est important de **mesurer le succès** de vos négociations. Une négociation réussie ne se limite pas à obtenir ce que vous voulez, mais à établir une relation positive qui bénéficie à toutes les parties impliquées.

19.6.1. Évaluer les résultats obtenus

Après chaque négociation, prenez le temps d'évaluer les résultats obtenus. Posez-vous les questions suivantes :

- **Mes objectifs ont-ils été atteints ?**
- **Ai-je réussi à obtenir de meilleures conditions ?**
- **La relation avec l'autre partie s'est-elle renforcée ?**

19.6.2. Analyser ce que vous pouvez améliorer

Même après une négociation réussie, il est toujours utile de réfléchir à ce qui peut être amélioré. Y avait-il des aspects où vous auriez pu être plus flexible ? Y avait-il des signaux que vous avez manqués de la part de l'autre partie ? Ce type d'analyse vous permet de progresser et d'améliorer vos compétences en négociation pour vos futurs échanges.

Développer des Compétences en Négociation pour Optimiser Votre Entreprise

La **négociation** est une compétence incontournable pour tout entrepreneur souhaitant améliorer la performance de son entreprise tout en renforçant ses relations commerciales. Que ce soit pour obtenir de meilleures conditions avec vos fournisseurs, pour sécuriser des contrats clients avantageux, ou pour construire des partenariats solides, la maîtrise de l'art de la négociation vous donne un avantage concurrentiel.

En développant une approche équilibrée et en vous préparant correctement, vous serez en mesure de maximiser la valeur de chaque interaction tout en assurant la satisfaction de toutes les parties. N'oubliez pas que la négociation ne se termine pas à la signature d'un accord : elle se poursuit dans la manière dont vous cultivez les relations que vous avez bâties grâce à cette compétence essentielle.

20. Gérer Vos Finances avec Rigueur

La **gestion rigoureuse des finances** est l'une des compétences les plus cruciales pour tout entrepreneur, quel que soit le stade de développement de son entreprise. Une bonne gestion financière vous permet de **préserver la santé de votre entreprise**, de **prévoir les difficultés** et d'optimiser vos ressources, même si vous démarrez avec peu ou pas d'argent. En effet, nombreux sont ceux qui pensent que seules les grandes entreprises doivent s'inquiéter de leur trésorerie, mais la vérité est que chaque euro compte, surtout au début.

Dans ce chapitre, nous allons détailler **comment gérer vos finances avec rigueur**, en couvrant des aspects essentiels tels que le suivi des dépenses et des revenus, la création de budgets, la planification financière à long terme, et l'utilisation des outils et des pratiques pour mieux comprendre votre situation financière. Vous apprendrez également à identifier les erreurs à éviter, à établir des priorités et à maintenir une discipline stricte pour assurer la stabilité et la croissance de votre entreprise.

20.1. Pourquoi la Gestion Rigoureuse des Finances est Cruciale pour Votre Entreprise

Lorsque vous commencez une nouvelle entreprise, surtout avec des ressources financières limitées, il est essentiel de **garder un œil attentif sur chaque euro dépensé**. Gérer vos finances de manière rigoureuse dès le départ vous permet de :

20.1.1. Assurer la pérennité de votre entreprise

Un manque de contrôle financier est l'une des principales raisons pour lesquelles les petites entreprises échouent. En surveillant de près vos **revenus** et vos **dépenses**, vous pouvez éviter de vous retrouver à court de liquidités. La trésorerie est la colonne vertébrale de toute entreprise, et la perte de contrôle sur celle-ci peut rapidement conduire à des difficultés importantes, voire à la faillite.

20.1.2. Prendre des décisions éclairées

Une gestion rigoureuse des finances vous permet d'avoir une **vue claire de la santé financière** de votre entreprise. Lorsque vous savez exactement où en sont vos finances, vous pouvez prendre des décisions plus judicieuses sur l'investissement, les embauches, les achats de stock, et d'autres aspects essentiels de votre activité. Cela vous permet aussi de planifier vos actions futures en fonction des données réelles plutôt que des estimations approximatives.

20.1.3. Rester flexible et prêt à faire face à l'imprévu

Même si vous commencez sans argent ou avec peu de fonds, une gestion stricte vous donne la capacité de rester **flexible** et d'anticiper les imprévus. Si vous suivez attentivement vos flux de trésorerie, vous pourrez réagir rapidement en cas de problème financier (dépenses imprévues, baisse de revenus, etc.) et ajuster votre stratégie en conséquence.

20.2. Établir un Suivi Strict des Revenus et Dépenses

La première étape d'une gestion financière rigoureuse est de mettre en place un **suivi précis** de toutes vos entrées et sorties d'argent. Cela implique de suivre non seulement les **revenus** que vous générez, mais aussi les **dépenses**, qu'il s'agisse de petites ou grandes sommes.

20.2.1. Créer des tableaux de suivi

Pour garder une trace de vos transactions financières, il est recommandé de créer des **tableaux de suivi** qui vous permettent d'enregistrer chaque dépense et chaque revenu. Un simple tableur Excel ou un outil de gestion financière peut suffire pour démarrer, mais vous pouvez aussi opter pour des logiciels spécialisés pour automatiser certaines tâches.

- **Suivi des revenus** : Notez toutes les sources de revenus de votre entreprise (ventes, abonnements, prestations de service, etc.). Assurez-vous de distinguer les revenus générés par différentes activités, afin de mieux comprendre ce qui fonctionne et ce qui nécessite des ajustements.
- **Suivi des dépenses** : Classifiez vos dépenses en différentes catégories (frais fixes, frais variables, marketing, etc.). Cela vous permet d'identifier rapidement où part l'argent et de faire des ajustements si nécessaire.

20.2.2. Utiliser des outils financiers pour simplifier la gestion

Pour ceux qui préfèrent des solutions plus automatisées, il existe des **logiciels de gestion financière** qui facilitent le suivi des transactions et la création de rapports. Ces outils offrent souvent des fonctionnalités avancées comme la connexion à vos comptes bancaires pour une mise à jour automatique des transactions.

Exemples d'outils :

- **QuickBooks** : Un logiciel populaire pour les petites entreprises, qui permet de suivre les revenus, de gérer les factures, et de créer des rapports financiers.
- **Wave** : Un outil gratuit pour la comptabilité, idéal pour les petites entreprises et les freelances qui cherchent à simplifier la gestion de leur trésorerie.
- **Xero** : Une solution complète pour la gestion des finances, avec des fonctionnalités avancées pour la gestion des flux de trésorerie, la facturation, et le suivi des dépenses.

20.3. Élaborer un Budget Prévisionnel

Un budget est un outil essentiel pour gérer vos finances de manière rigoureuse. Il vous permet de **planifier vos revenus et vos dépenses à l'avance** et de contrôler vos finances de manière proactive. Un **budget prévisionnel** vous aide à définir des objectifs financiers réalistes et à prévoir les périodes où vous pourriez avoir besoin de plus de liquidités.

20.3.1. Identifier vos principales sources de revenus et dépenses

La première étape pour établir un budget est d'identifier vos **principales sources de revenus** et vos **dépenses récurrentes**. Les revenus incluent toutes les ventes, abonnements, ou contrats de service, tandis que les dépenses peuvent inclure les salaires, les coûts de production, les frais de location, ou encore les dépenses marketing.

- **Revenus** : Faites des prévisions basées sur vos ventes actuelles, vos contrats en cours, ou toute autre source de revenus que vous prévoyez.

- **Dépenses** : Évaluez les coûts fixes (loyer, assurances, frais d'hébergement, etc.) ainsi que les coûts variables (stock, fournitures, frais marketing). N'oubliez pas d'inclure une marge pour les dépenses imprévues.

20.3.2. Utiliser des scénarios financiers

Pour vous préparer à toutes les éventualités, il est recommandé d'élaborer plusieurs **scénarios financiers** en fonction des fluctuations possibles de vos revenus et dépenses. Cela inclut un scénario optimiste, un scénario réaliste et un scénario pessimiste. Cela vous permet d'avoir une vision claire des ajustements à faire si les choses ne se passent pas comme prévu.

- **Scénario optimiste** : Vos ventes dépassent les attentes, vous avez de nouvelles opportunités de revenus, et vos dépenses sont maîtrisées.
- **Scénario réaliste** : Vous atteignez vos objectifs de vente sans excès, et vos dépenses sont conformes aux prévisions.
- **Scénario pessimiste** : Vos revenus sont inférieurs aux attentes, ou vos dépenses augmentent plus que prévu.

20.3.3. Ajuster votre budget au fur et à mesure

Un **budget prévisionnel** n'est pas figé. Vous devez le réévaluer régulièrement et l'ajuster en fonction des résultats réels. Par exemple, si vos revenus sont inférieurs aux prévisions pendant plusieurs mois consécutifs, il sera nécessaire de revoir vos dépenses à la baisse pour éviter de creuser un déficit.

20.4. Gérer la Trésorerie de manière Stricte

La **trésorerie** représente l'argent disponible immédiatement dans votre entreprise pour couvrir vos besoins quotidiens. Une gestion stricte de la trésorerie est cruciale, car même une entreprise rentable peut se retrouver en difficulté si elle manque de liquidités.

20.4.1. Maintenir un fonds de roulement

Le **fonds de roulement** est l'argent disponible pour financer les opérations courantes de votre entreprise. En maintenant un fonds de roulement suffisant, vous pouvez faire face à des fluctuations temporaires de trésorerie sans devoir emprunter ou puiser dans des réserves non prévues.

Conseils pour gérer votre fonds de roulement :

- **Fixez un seuil de trésorerie** : Déterminez un montant minimal que vous devez toujours avoir en trésorerie pour couvrir vos dépenses fixes pendant plusieurs mois.
- **Surveillez de près les entrées et sorties d'argent** : Un suivi régulier de votre trésorerie vous permet de détecter rapidement tout problème potentiel et d'agir avant qu'il ne devienne critique.

20.4.2. Gérer les délais de paiement

Une des clés pour maintenir une trésorerie positive est de **négocier des délais de paiement** avec vos fournisseurs et clients. L'objectif est d'avoir un équilibre entre les entrées et sorties d'argent, pour éviter d'avoir à payer vos fournisseurs avant d'avoir été payé par vos clients.

- **Négociez des délais de paiement plus longs avec vos fournisseurs** pour réduire la pression sur votre trésorerie.
- **Accélérez les paiements des clients** : Mettez en place des processus de facturation rapides, envoyez des rappels de paiement, et proposez des incitations pour les paiements anticipés (par exemple, une petite remise pour les paiements sous 7 jours).

20.4.3. Utiliser des outils de gestion de trésorerie

Des **outils de gestion de trésorerie** peuvent vous aider à mieux contrôler vos flux financiers en automatisant le suivi des paiements et en générant des prévisions basées sur vos activités passées. Ces outils vous donnent une vue en temps réel de l'état de votre trésorerie et vous permettent de planifier les dépenses en fonction des liquidités disponibles.

Exemple d'outils de gestion de trésorerie :

- **Expensify** : Un outil pour suivre et gérer vos dépenses professionnelles en temps réel.
- **Float** : Un logiciel qui se connecte à vos comptes bancaires et à votre logiciel de comptabilité pour créer des prévisions de trésorerie.

20.5. Optimiser Vos Coûts et Réduire les Dépenses Inutiles

L'une des meilleures façons de gérer vos finances avec rigueur est de **réduire les dépenses superflues** et d'optimiser vos coûts. Même si vous démarrez avec peu de fonds, cela ne signifie pas que vous ne pouvez pas faire des économies là où c'est possible.

20.5.1. Identifier les coûts fixes et variables

Il est important de bien comprendre la différence entre **coûts fixes** et **coûts variables**, car cela vous permet de savoir où vous pouvez réduire vos dépenses en cas de besoin. Les coûts fixes sont des dépenses que vous devez payer, même si vous n'avez pas beaucoup de ventes (loyer, abonnements, etc.), tandis que les coûts variables augmentent ou diminuent en fonction de votre activité (achat de stock, frais de production).

- **Réduire les coûts fixes** : Essayez de négocier des loyers plus bas, d'utiliser des espaces de coworking plutôt que des bureaux permanents, ou de partager certaines ressources avec d'autres entreprises.
- **Optimiser les coûts variables** : Achetez en gros pour bénéficier de remises, ou optez pour des fournisseurs moins chers tout en maintenant la qualité de vos produits ou services.

20.5.2. Négocier avec vos fournisseurs

Les **négociations** avec vos fournisseurs peuvent être une source importante d'économies. Si vous entretenez une relation de confiance avec eux, il est souvent possible d'obtenir de meilleures conditions, comme des **réductions sur volume**, des **délai de paiement plus longs**, ou des offres promotionnelles.

Conseils pour négocier :

- **Mettez en avant vos relations à long terme** : Si vous travaillez avec un fournisseur depuis un certain temps, n'hésitez pas à négocier des conditions plus avantageuses en mettant en avant votre fidélité.
- **Comparez plusieurs offres** : Si vous démarrez une nouvelle relation avec un fournisseur, n'hésitez pas à comparer plusieurs propositions et à utiliser les devis des concurrents pour obtenir de meilleures conditions.

20.5.3. Automatiser certaines tâches pour réduire les coûts

L'**automatisation** est un excellent moyen de réduire les coûts opérationnels, notamment dans les domaines de la facturation, du suivi des paiements ou de la gestion des stocks. Cela vous permet non seulement de réduire le temps passé sur certaines tâches, mais aussi de limiter les erreurs humaines.

Exemple :

- Utilisez des systèmes de **facturation automatique** pour envoyer des factures à vos clients dès que le service est rendu ou que le produit est livré.
- Intégrez des solutions de **gestion de stock automatisée** qui vous alertent lorsque les niveaux de stock sont bas, vous permettant ainsi de commander uniquement ce dont vous avez besoin.

20.6. Éviter les Erreurs de Gestion Financière

Dans le cadre de la gestion financière, certaines erreurs sont courantes et peuvent mettre votre entreprise en danger. Les éviter vous permettra de rester sur la bonne voie et de maintenir la **stabilité financière** de votre entreprise.

20.6.1. Ne pas séparer vos finances personnelles et professionnelles

L'une des erreurs les plus fréquentes chez les nouveaux entrepreneurs est de ne pas **séparer les finances personnelles des finances professionnelles**. Cela peut créer de la confusion, compliquer votre comptabilité et rendre difficile la gestion précise de vos dépenses.

Solution :

- Ouvrez un **compte bancaire professionnel** distinct et utilisez-le exclusivement pour les transactions liées à votre entreprise.
- Mettez en place une comptabilité stricte et enregistrez toutes les transactions professionnelles dans un logiciel dédié.

20.6.2. Sous-estimer les dépenses imprévues

Il est facile de sous-estimer les **dépenses imprévues**, telles que des réparations, des hausses de prix des fournisseurs ou des retards de paiement de la part des clients. Ces dépenses peuvent rapidement épuiser votre trésorerie si elles ne sont pas prises en compte.

Solution :

- Incluez toujours une **marge de sécurité** dans votre budget pour couvrir les imprévus. En règle générale, réservez 10 à 15 % de vos dépenses prévues pour des événements inattendus.
- Gardez un **fonds d'urgence** disponible pour couvrir les périodes difficiles ou les crises inattendues.

20.6.3. Ne pas suivre régulièrement vos finances

Attendre la fin du mois ou du trimestre pour examiner vos finances peut conduire à des **problèmes inattendus** qui auraient pu être évités. Un suivi financier régulier permet de garder un contrôle précis de votre situation financière et d'anticiper les ajustements nécessaires.

Solution :

- Mettez en place des **revues financières hebdomadaires** ou bimensuelles pour suivre vos revenus, vos dépenses et votre trésorerie.
- Assurez-vous que toutes les transactions sont enregistrées au fur et à mesure pour éviter d'avoir des informations incomplètes ou incorrectes.

20.7. Anticiper et Planifier l'Avenir

Enfin, une gestion rigoureuse des finances inclut une **planification à long terme**. Il ne suffit pas de surveiller les flux financiers actuels, il faut également anticiper les **investissements futurs**, les **besoins en trésorerie** à venir, et les **opportunités de croissance**.

20.7.1. Préparer un plan financier à long terme

Un **plan financier** à long terme vous permet d'anticiper les investissements nécessaires, les moments où vous pourriez avoir besoin de financement externe, et d'établir des objectifs clairs pour l'avenir.

Les éléments d'un plan financier à long terme incluent :

- **Objectifs financiers** : Quels sont vos objectifs de revenus, de marges, ou de rentabilité sur les 3 à 5 prochaines années ?
- **Investissements futurs** : Préparez un budget pour les investissements futurs nécessaires (équipement, expansion de vos activités, marketing).
- **Besoin en financement externe** : Si vous envisagez de demander un prêt ou de lever des fonds, identifiez le moment opportun et la stratégie à adopter.

20.7.2. Suivre les indicateurs clés de performance (KPI)

Pour vous assurer que votre entreprise progresse bien financièrement, suivez régulièrement des **indicateurs clés de performance** (KPI) qui vous permettent de mesurer votre succès.

Exemples d'indicateurs financiers à suivre :

- **Marge brute** : La marge brute est le pourcentage de revenu que vous conservez après déduction des coûts directs de production. Une marge élevée signifie que votre entreprise est plus rentable.
- **Ratio de liquidité** : Mesure votre capacité à couvrir vos obligations à court terme avec votre trésorerie disponible.
- **Taux de rentabilité** : Mesure la rentabilité globale de votre entreprise en comparant le revenu net avec le capital investi.

Gérer Vos Finances avec Rigueur pour la Stabilité et la Croissance

La **gestion rigoureuse des finances** est une compétence indispensable pour tout entrepreneur. En surveillant de près vos revenus et vos dépenses, en établissant des budgets précis, et en optimisant votre trésorerie, vous pouvez assurer la stabilité de votre entreprise, même avec peu de fonds au départ. Une gestion financière stricte vous permet non seulement de **gérer vos ressources actuelles**, mais aussi de **prévoir et d'anticiper** les besoins futurs de votre entreprise pour encourager une croissance durable.

21. Rechercher des Opportunités de Formation

Dans un environnement entrepreneurial en constante évolution, **rechercher des opportunités de formation** est essentiel pour développer et améliorer vos compétences. Que vous soyez au début de votre parcours ou à la tête d'une entreprise déjà bien établie, la **formation continue** vous permet de vous adapter aux nouvelles tendances, de rester compétitif, et d'améliorer votre efficacité en gestion, marketing, ventes et autres domaines essentiels à la réussite de votre entreprise.

Il existe aujourd'hui de nombreuses ressources gratuites ou à faible coût accessibles en ligne ou en présentiel, qui permettent aux entrepreneurs de se former sur des sujets clés. Dans ce chapitre, nous allons explorer pourquoi la formation continue est indispensable, comment trouver les **meilleures opportunités de formation**, et comment optimiser votre temps pour intégrer l'apprentissage à votre routine. Vous découvrirez également des recommandations sur les plateformes et les cours les plus adaptés aux besoins des entrepreneurs, ainsi que des stratégies pour tirer le meilleur parti de ces ressources.

21.1. Pourquoi la Formation Continue est Indispensable pour les Entrepreneurs

La formation ne s'arrête pas une fois que vous lancez votre entreprise. En tant qu'entrepreneur, il est crucial de **continuer à apprendre** pour rester à jour avec les nouvelles pratiques et tendances dans votre domaine, ainsi que pour améliorer vos compétences en gestion. Un entrepreneur qui se forme régulièrement est mieux armé pour naviguer dans un environnement économique changeant et faire face aux nouveaux défis.

21.1.1. Maintenir votre compétitivité

Le monde des affaires évolue rapidement, avec des avancées technologiques et des changements constants dans le comportement des consommateurs. Si vous ne vous formez pas régulièrement, vous risquez d'être dépassé par vos concurrents qui, eux, investissent dans le développement de leurs compétences et de leurs connaissances.

Exemple : Un entrepreneur dans le commerce de détail en ligne peut s'inscrire à des cours sur l'optimisation SEO, les stratégies publicitaires sur les réseaux sociaux, ou les nouvelles plateformes de commerce électronique pour rester compétitif et attirer plus de clients.

21.1.2. Accroître vos compétences en gestion et leadership

En tant qu'entrepreneur, vous n'êtes pas seulement un créateur d'entreprise, vous êtes aussi un **gestionnaire** et un **leader**. Acquérir des compétences en gestion, en communication et en leadership vous permet de mieux diriger vos équipes, de prendre des décisions plus éclairées et de gérer efficacement les ressources de votre entreprise.

Exemple : Des formations en gestion du temps ou en gestion d'équipe vous aideront à maximiser la productivité et à éviter les erreurs de management, tout en optimisant votre performance au sein de l'entreprise.

21.1.3. Adapter votre stratégie marketing et commerciale

La formation continue vous permet d'**adapter vos stratégies** marketing et commerciales en fonction des nouvelles tendances. Par exemple, apprendre à utiliser des plateformes publicitaires en ligne comme Google Ads ou Facebook Ads peut grandement améliorer votre visibilité et vos ventes. De même, se former aux techniques de vente modernes vous aide à mieux comprendre et répondre aux besoins de vos clients.

21.2. Identifier les Domaines Clés pour votre Formation

Avant de vous lancer dans une formation, il est important de définir les domaines où vous avez le plus besoin de **développer vos compétences**. En tant qu'entrepreneur, plusieurs compétences sont indispensables, mais certains domaines peuvent être plus prioritaires que d'autres en fonction de votre secteur d'activité et de vos objectifs à court ou long terme.

21.2.1. La gestion d'entreprise et la comptabilité

Si vous n'avez pas de solides bases en **gestion d'entreprise**, il peut être utile de suivre des cours dans ce domaine pour mieux comprendre la gestion des flux de trésorerie, la planification financière, la comptabilité et la gestion des risques. Ces compétences sont cruciales pour gérer efficacement une entreprise, quel que soit le secteur d'activité.

- **Formation recommandée** : Des plateformes comme **Coursera** ou **OpenClassrooms** proposent des cours gratuits ou abordables en gestion d'entreprise et en comptabilité. Par exemple, des formations sur les **fondamentaux de la gestion financière** peuvent être un excellent point de départ.

21.2.2. Le marketing numérique

Aujourd'hui, une présence en ligne est incontournable pour toute entreprise. Une bonne maîtrise du **marketing numérique** est donc cruciale pour attirer des clients et accroître votre visibilité. Les sujets comme le **SEO**, le **content marketing**, les **publicités en ligne** et les **réseaux sociaux** sont des domaines où une formation continue peut avoir un impact significatif sur la performance de votre entreprise.

- **Formation recommandée** : Des sites comme **HubSpot Academy** et **Google Digital Garage** offrent des cours gratuits sur le marketing digital, le SEO, et les réseaux sociaux. Vous pouvez suivre des formations certifiantes sur la manière de gérer des campagnes publicitaires, de créer du contenu engageant, ou d'optimiser votre référencement naturel.

21.2.3. Les ventes et la négociation

Que vous vendiez des produits ou des services, savoir comment **vendre efficacement** est une compétence clé pour les entrepreneurs. Améliorer vos techniques de vente et apprendre à négocier avec des clients ou des fournisseurs peut avoir un impact direct sur vos marges et votre chiffre d'affaires.

- **Formation recommandée** : Des plateformes comme **Udemy** ou **LinkedIn Learning** proposent des cours sur les techniques de vente, la négociation, et la gestion de la relation client (CRM).

21.2.4. Les nouvelles technologies et l'innovation

Les technologies évoluent rapidement, et en tant qu'entrepreneur, il est essentiel de rester informé des dernières innovations qui pourraient affecter votre secteur. Que ce soit l'**intelligence artificielle**, la **blockchain**, ou le **cloud computing**, comprendre ces technologies peut vous donner un avantage concurrentiel.

- **Formation recommandée** : Vous pouvez trouver des cours spécialisés sur des plateformes comme **edX** ou **Khan Academy** qui proposent des introductions gratuites à ces nouvelles technologies.

21.3. Où Trouver des Opportunités de Formation Gratuites ou Abordables

L'un des avantages majeurs de la formation aujourd'hui est que vous n'avez plus besoin de dépenser des milliers d'euros pour obtenir des connaissances de qualité. Il existe de nombreuses **plateformes en ligne gratuites** ou à faible coût, accessibles à tous, et qui couvrent une large gamme de sujets pertinents pour les entrepreneurs.

21.3.1. Les plateformes de formation en ligne (MOOCs)

Les **MOOCs** (Massive Open Online Courses) sont des plateformes de formation en ligne accessibles à tous, souvent gratuitement, et qui proposent des cours dispensés par des experts et des enseignants issus d'universités de renom.

- **Coursera** : Coursera propose une large gamme de cours gratuits, notamment dans les domaines de la gestion d'entreprise, du marketing, et des ventes. Les cours sont souvent dispensés par des universités de premier plan comme Stanford ou l'Université de Yale.
- **edX** : Similaire à Coursera, edX propose des cours gratuits sur des sujets comme la gestion financière, le leadership, la stratégie d'entreprise, et les innovations technologiques. Vous pouvez obtenir des certificats payants si vous souhaitez valider officiellement vos compétences.
- **FutureLearn** : Une autre plateforme qui propose des cours gratuits sur des sujets clés pour les entrepreneurs, notamment le marketing numérique, la finance d'entreprise, et le développement de produits.

21.3.2. Les formations gratuites proposées par des entreprises

De nombreuses entreprises proposent des **formations gratuites** pour aider les entrepreneurs et les petites entreprises à se former sur des outils et des stratégies spécifiques.

- **Google Digital Garage** : Google propose une série de formations gratuites sur le marketing numérique, l'optimisation pour les moteurs de recherche, et la publicité en ligne. Ces cours sont conçus pour aider les entrepreneurs à mieux utiliser les outils Google et à maximiser leur visibilité en ligne.
- **HubSpot Academy** : HubSpot propose des cours gratuits sur le marketing inbound, la gestion de la relation client, et les stratégies de vente. Ces cours sont idéaux pour ceux qui souhaitent comprendre comment attirer des clients et développer leur entreprise en ligne.

- **Facebook Blueprint** : Pour ceux qui souhaitent maîtriser la publicité sur Facebook et Instagram, Facebook Blueprint offre des cours gratuits sur la création et la gestion de campagnes publicitaires efficaces.

21.3.3. Les incubateurs et espaces de coworking

Les **incubateurs** et **espaces de coworking** sont des endroits où vous pouvez accéder à des ressources précieuses pour votre formation en tant qu'entrepreneur. Ils offrent souvent des ateliers gratuits ou à faible coût, ainsi que des sessions de mentorat, des conférences, et des événements de réseautage.

- **Ateliers en présentiel** : Certains incubateurs organisent des ateliers de formation en gestion, finance, vente, ou marketing, animés par des experts et des professionnels du secteur.
- **Mentorat** : En plus des formations, de nombreux incubateurs proposent des programmes de mentorat où des entrepreneurs plus expérimentés peuvent vous guider et vous conseiller sur des problématiques spécifiques.

21.4. Intégrer la Formation Continue dans Votre Routine d'Entrepreneur

S'inscrire à des cours et suivre des formations est une chose, mais réussir à **intégrer l'apprentissage continu** dans votre routine d'entrepreneur est un défi en soi. Avec une charge de travail déjà lourde, il est essentiel de trouver des moyens d'optimiser votre temps tout en vous formant régulièrement.

21.4.1. Bloquer du temps dédié à l'apprentissage

L'une des meilleures façons de s'assurer que la formation ne tombe pas au bas de votre liste de priorités est de **bloquer du temps spécifique** chaque semaine pour vous former. Cela peut être une heure ou deux par semaine, voire quelques minutes par jour.

- **Routine matinale** : Si vous êtes du matin, consacrez les premières heures de la journée à suivre un cours en ligne ou à lire des articles sur les nouvelles tendances dans votre secteur.
- **Sessions hebdomadaires** : Vous pouvez également réserver une demi-journée chaque semaine pour suivre des cours en ligne ou assister à des ateliers de formation.

21.4.2. Utiliser des formats d'apprentissage flexibles

Les entrepreneurs ont souvent des horaires chargés et imprévisibles. Il est donc utile de choisir des **formats d'apprentissage flexibles** qui s'adaptent à votre emploi du temps. Heureusement, les formations en ligne offrent de nombreux formats qui vous permettent d'apprendre à votre propre rythme.

- **Podcasts et livres audio** : Si vous avez peu de temps pour vous asseoir devant un écran, vous pouvez écouter des **podcasts** ou des **livres audio** sur des sujets clés pendant vos trajets, lors de vos séances de sport, ou pendant d'autres activités.

- **Vidéo à la demande** : Les cours en ligne sur des plateformes comme **Udemy** ou **LinkedIn Learning** sont souvent disponibles en vidéo à la demande, ce qui vous permet de suivre les leçons quand cela vous convient, et à votre propre rythme.

21.4.3. Apprendre en mettant en pratique

Le meilleur moyen de **consolider ce que vous avez appris** est de le mettre immédiatement en pratique dans votre entreprise. Chaque nouvelle compétence que vous acquérez devrait être appliquée le plus tôt possible pour que vous puissiez voir ses effets et ajuster votre approche en fonction des résultats.

Exemple : Si vous suivez un cours sur la gestion de la relation client (CRM), mettez en place un système CRM dans votre entreprise et testez les nouvelles techniques que vous avez apprises pour gérer vos clients et vos leads de manière plus efficace.

21.5. Tirer le Meilleur Parti des Formations Suivies

Se former est essentiel, mais il est tout aussi important de **maximiser la valeur** des cours et des formations suivies. Voici quelques stratégies pour tirer le meilleur parti de votre apprentissage et appliquer les connaissances acquises de manière stratégique dans votre entreprise.

21.5.1. Prendre des notes et résumer les points clés

Lors de chaque formation ou cours suivi, prenez l'habitude de **prendre des notes** et de résumer les points clés. Cela vous permettra de **consolider vos apprentissages** et de revenir facilement sur les concepts importants.

- **Organisez vos notes** : Utilisez des outils comme **Evernote** ou **Notion** pour organiser vos notes de manière claire et accessible. Cela vous permettra de facilement retrouver des informations utiles lorsque vous en aurez besoin.
- **Créer des fiches pratiques** : En fonction des formations suivies, vous pouvez créer des fiches pratiques avec des conseils ou des stratégies prêtes à l'emploi que vous pourrez appliquer dans votre quotidien.

21.5.2. Partager vos connaissances avec votre équipe

Si vous avez une équipe, il est important de **partager les connaissances acquises** pour que tout le monde puisse en bénéficier. Vous pouvez organiser des **sessions de formation internes** où vous transmettez ce que vous avez appris lors de vos cours. Cela contribue à améliorer les compétences globales de votre entreprise.

Exemple : Si vous avez suivi une formation sur les nouvelles techniques de vente, organisez une réunion d'équipe pour partager ces stratégies avec vos vendeurs et les aider à améliorer leurs performances.

21.5.3. Mesurer l'impact de votre formation sur votre entreprise

Enfin, pour évaluer l'efficacité des formations que vous avez suivies, il est important de **mesurer leur impact** sur votre entreprise. Cela vous permettra d'identifier quelles formations ont eu un effet positif et dans quels domaines vous devez encore progresser.

- **Suivre les indicateurs de performance** : Par exemple, après une formation sur le marketing digital, mesurez si vos **taux de conversion** ou votre **trafic en ligne** ont augmenté.
- **Fixer des objectifs concrets** : Après chaque formation, fixez-vous des objectifs concrets à atteindre en appliquant les nouvelles compétences. Par exemple, si vous apprenez une nouvelle technique de vente, votre objectif pourrait être d'augmenter vos ventes de 10 % dans les trois mois suivant la formation.

La Formation Continue, un Atout pour Votre Croissance en Tant qu'Entrepreneur

La **formation continue** est un investissement essentiel pour les entrepreneurs qui cherchent à améliorer leurs compétences, à rester compétitifs, et à faire croître leur entreprise de manière durable. Rechercher des **opportunités de formation**, qu'elles soient gratuites ou à faible coût, vous permet non seulement de rester à jour sur les dernières tendances, mais aussi de perfectionner vos compétences en gestion, marketing, ventes et technologies.

En intégrant l'apprentissage à votre routine quotidienne et en appliquant ce que vous apprenez dans votre entreprise, vous pouvez maximiser votre potentiel en tant qu'entrepreneur. Quelle que soit la taille de votre entreprise ou votre secteur d'activité, la **formation continue** vous aidera à relever les défis avec plus de confiance et à saisir de nouvelles opportunités.

22.Monter une Stratégie de Croissance

Lorsque vous lancez une entreprise, vous vous concentrez d'abord sur le démarrage, la validation de votre produit ou service, et la recherche de vos premiers clients. Mais une fois que votre activité est en place et stable, il est temps de penser à l'étape suivante : la **croissance**. La croissance n'est pas seulement une question d'augmenter les revenus ; elle implique aussi de **développer votre entreprise de manière durable**, d'ajouter de nouvelles offres et d'élargir votre clientèle tout en renforçant vos bases.

Dans ce chapitre, nous allons explorer comment **monter une stratégie de croissance** pour votre entreprise. Nous discuterons des différentes approches de croissance, des étapes clés pour développer une stratégie à long terme, et des outils et techniques qui vous permettront d'atteindre vos objectifs. En intégrant des plans clairs, vous pourrez guider votre entreprise vers une expansion continue, tout en assurant la stabilité et en minimisant les risques.

22.1. Pourquoi Monter une Stratégie de Croissance est Crucial pour Votre Entreprise

Une **stratégie de croissance** est essentielle pour toute entreprise qui aspire à se développer durablement. Une fois que vous avez atteint un certain niveau de stabilité dans votre activité, vous devez penser au développement à long terme pour ne pas stagner. Sans plan de croissance, vous pourriez voir votre entreprise se faire dépasser par des concurrents plus innovants ou ne pas atteindre son plein potentiel.

22.1.1. Maximiser votre potentiel de marché

Il y a toujours des opportunités à saisir pour **accroître vos parts de marché**. Une stratégie de croissance bien définie vous permet de capitaliser sur les opportunités d'expansion et d'éviter de laisser des concurrents s'emparer des clients potentiels que vous pourriez attirer. Cela peut inclure des approches comme l'ajout de nouvelles offres, l'entrée sur de nouveaux marchés géographiques ou le développement de partenariats.

Exemple : Une entreprise de vêtements qui vend exclusivement en ligne pourrait envisager d'ouvrir une boutique physique pour capter une clientèle locale ou même de proposer une nouvelle gamme de produits haut de gamme pour augmenter ses marges.

22.1.2. Améliorer la rentabilité à long terme

Une stratégie de croissance ne vise pas seulement à augmenter les ventes, mais aussi à **améliorer la rentabilité**. En optimisant les opérations, en augmentant la productivité ou en diversifiant les sources de revenus, vous pouvez maximiser vos marges bénéficiaires. Par exemple, introduire des produits ou services à forte valeur ajoutée ou améliorer vos processus de production peut réduire les coûts tout en augmentant les revenus.

22.1.3. Renforcer la compétitivité de votre entreprise

Le développement de votre entreprise passe également par le renforcement de votre **avantage concurrentiel**. En vous concentrant sur une croissance stratégique, vous pouvez identifier des axes d'amélioration, comme l'innovation ou la diversification de l'offre, qui vous permettront de rester compétitif. Cette approche proactive vous met en position de leader dans votre secteur.

22.2. Définir les Objectifs de Croissance de Votre Entreprise

Avant de monter une stratégie de croissance, il est crucial de **définir clairement vos objectifs**. Quels sont les résultats que vous souhaitez atteindre ? Que voulez-vous accomplir avec la croissance de votre entreprise ? Vos objectifs peuvent être à court, moyen et long terme, et doivent être réalistes et mesurables.

22.2.1. Fixer des objectifs SMART

Pour que vos objectifs de croissance soient efficaces, ils doivent être **SMART** :

- **Spécifiques** : Vos objectifs doivent être clairement définis. Au lieu de dire « Je veux augmenter mes ventes », un objectif spécifique serait « Je veux augmenter mes ventes de 20 % d'ici la fin de l'année ».
- **Mesurables** : Vous devez pouvoir mesurer vos progrès. Fixez des indicateurs de performance (KPI) comme le nombre de nouveaux clients ou l'augmentation du chiffre d'affaires.
- **Atteignables** : Vos objectifs doivent être réalistes. Si vous êtes une petite entreprise avec des ressources limitées, il est peu probable que vous doubliez vos ventes en trois mois.
- **Pertinents** : Assurez-vous que vos objectifs sont en phase avec votre stratégie globale.
- **Temporellement définis** : Définissez des échéances précises pour atteindre vos objectifs. Par exemple, vous pouvez fixer des jalons trimestriels pour évaluer vos progrès.

22.2.2. Identifier les moteurs de croissance

Une fois vos objectifs fixés, identifiez les **moteurs de croissance** spécifiques qui vous aideront à les atteindre. Cela peut inclure :

- **Nouveaux produits** : Ajouter de nouveaux produits ou services à votre gamme.
- **Marchés géographiques** : Entrer sur de nouveaux marchés géographiques, locaux ou internationaux.
- **Partenariats stratégiques** : Créer des partenariats avec d'autres entreprises pour élargir votre portée.
- **Marketing et vente** : Améliorer vos efforts de marketing ou recruter des équipes de vente pour attirer plus de clients.

Exemple : Une entreprise de logiciels peut se fixer comme objectif de pénétrer un nouveau marché international, tout en améliorant son produit principal en ajoutant des fonctionnalités basées sur les retours des clients actuels.

22.3. Les Différentes Approches de Croissance

Il existe plusieurs **approches de croissance** que vous pouvez adopter en fonction de votre modèle économique et de votre marché. Chacune de ces stratégies présente des avantages et des risques. Voici quelques-unes des approches les plus courantes pour développer votre entreprise.

22.3.1. Croissance organique

La **croissance organique** consiste à développer votre entreprise grâce à des efforts internes, sans fusion ou acquisition. Cela implique généralement d'augmenter vos ventes, de diversifier vos produits ou d'optimiser vos processus.

- **Élargissement de la gamme de produits** : Proposer de nouvelles offres qui répondent aux besoins de vos clients actuels ou attirer de nouveaux segments de marché.
- **Amélioration de l'efficacité** : Réduire les coûts ou augmenter la productivité pour améliorer vos marges tout en maintenant la qualité de vos produits ou services.
- **Développement de la marque** : Accroître la notoriété de votre marque grâce à des stratégies marketing qui augmentent votre visibilité et renforcent votre réputation.

Exemple : Un restaurant peut proposer des services de livraison à domicile ou développer une ligne de produits alimentaires à emporter pour augmenter ses revenus de manière organique.

22.3.2. Croissance par diversification

La **diversification** consiste à élargir vos offres en ajoutant des produits ou services qui ne sont pas directement liés à votre activité principale. Cela peut vous permettre d'atteindre de nouveaux marchés et de réduire votre dépendance à une seule source de revenus.

- **Diversification horizontale** : Ajouter des produits ou services complémentaires à ceux que vous proposez déjà.
- **Diversification verticale** : Intégrer d'autres étapes de la chaîne d'approvisionnement, comme fabriquer vos propres composants ou distribuer vos produits via un réseau propriétaire.

Exemple : Un fabricant de meubles peut diversifier son activité en lançant une gamme d'accessoires de décoration intérieure pour compléter son offre principale.

22.3.3. Croissance externe : fusions et acquisitions

La **croissance externe** repose sur l'acquisition d'autres entreprises ou la fusion avec des concurrents pour accélérer le développement. Cette stratégie est plus risquée mais peut offrir des avantages importants, comme l'accès à de nouveaux marchés, technologies ou compétences.

- **Acquisition d'une entreprise complémentaire** : Acheter une entreprise qui propose des services complémentaires aux vôtres peut vous permettre d'élargir instantanément votre portefeuille d'offres.
- **Fusions avec des concurrents** : Fusionner avec une autre entreprise opérant dans le même secteur peut vous aider à renforcer votre position sur le marché et à réaliser des économies d'échelle.

Exemple : Une entreprise technologique spécialisée dans le développement d'applications peut acquérir une société de développement de logiciels pour ordinateurs afin d'élargir sa gamme de produits.

22.3.4. Expansion internationale

Si votre marché local est saturé, l'**expansion internationale** peut être une option stratégique pour continuer à croître. Cela implique d'entrer sur de nouveaux marchés étrangers où la demande pour vos produits ou services est forte.

- **Adapter votre offre** : Si vous vous lancez à l'international, il est essentiel d'adapter vos produits ou services en fonction des spécificités locales (langue, culture, préférences des consommateurs, etc.).
- **Stratégies d'entrée sur le marché** : Vous pouvez entrer sur de nouveaux marchés en ouvrant des succursales locales, en travaillant avec des distributeurs locaux ou en créant des partenariats avec des entreprises locales.

Exemple : Une entreprise de mode qui vend principalement en France peut envisager de s'étendre sur le marché européen en adaptant ses campagnes marketing aux goûts locaux.

22.4. Créer un Plan d'Action pour la Croissance

Une fois que vous avez défini vos objectifs et choisi votre stratégie de croissance, il est temps de créer un **plan d'action détaillé**. Un plan d'action vous aide à structurer vos initiatives et à allouer efficacement vos ressources pour atteindre vos objectifs.

22.4.1. Diviser vos objectifs en tâches concrètes

Prenez vos objectifs globaux de croissance et divisez-les en **tâches concrètes** et mesurables. Chaque tâche doit être attribuée à une personne ou à une équipe responsable, avec des délais clairement définis.

- **Priorisation** : Identifiez quelles actions doivent être réalisées en priorité. Commencez par celles qui auront l'impact le plus immédiat sur la croissance de votre entreprise.
- **Calendrier** : Créez un calendrier qui spécifie les étapes clés et les jalons à atteindre à chaque phase de la mise en œuvre de votre stratégie.

Exemple : Si votre objectif est de développer une nouvelle gamme de produits, divisez ce projet en étapes comme la recherche de marché, le développement de prototypes, les tests clients, la production et la commercialisation.

22.4.2. Allouer des ressources

Pour réussir à mettre en œuvre votre plan de croissance, vous devrez allouer les **ressources** nécessaires en termes de budget, d'équipe et de technologies. Il est crucial d'évaluer les besoins pour chaque tâche et de vous assurer que vous avez les capacités nécessaires pour les accomplir.

- **Finances** : Allouez une partie de vos revenus ou cherchez des financements externes pour couvrir les dépenses liées à votre expansion.
- **Équipe** : Assurez-vous que vous avez les bonnes compétences dans votre équipe pour réaliser votre plan de croissance. Cela peut impliquer de recruter ou de former du personnel.
- **Technologies** : Évaluez les outils technologiques dont vous aurez besoin pour soutenir votre expansion, comme des logiciels de gestion, des outils de marketing automatisé ou des plateformes de vente en ligne.

Exemple : Une entreprise de e-commerce qui cherche à étendre son marché à l'international devra investir dans des plateformes multilingues et peut-être dans un support client localisé.

22.4.3. Suivre les progrès et ajuster le plan

Votre plan de croissance doit être **flexible** et évolutif. Suivez régulièrement vos progrès et soyez prêt à ajuster votre stratégie si nécessaire. Utilisez des **indicateurs de performance** (KPI) pour mesurer le succès de vos actions et prendre des décisions fondées sur des données concrètes.

- **Revues régulières** : Organisez des revues mensuelles ou trimestrielles pour évaluer vos progrès par rapport aux objectifs définis.
- **Pivot** : Si certaines stratégies ne fonctionnent pas, ne soyez pas hésitant à changer de cap ou à ajuster vos priorités.

Exemple : Si vous réalisez qu'une campagne marketing pour un nouveau produit ne génère pas le retour sur investissement espéré, vous pouvez ajuster vos efforts ou tester de nouvelles approches marketing.

22.5. Optimiser le Marketing et la Vente pour Soutenir la Croissance

Le **marketing** et la **vente** sont deux leviers essentiels pour soutenir et accélérer la croissance de votre entreprise. Vous devez adopter des stratégies marketing performantes et adapter vos efforts de vente pour accompagner votre expansion.

22.5.1. Stratégies marketing pour la croissance

Pour atteindre de nouveaux clients ou entrer sur de nouveaux marchés, vous devez **adapter vos stratégies marketing** et utiliser des canaux variés pour toucher votre audience cible.

- **Marketing digital** : Le marketing digital est un outil puissant pour toucher une large audience avec un budget maîtrisé. Investissez dans des campagnes de publicité en ligne, le SEO, les réseaux sociaux et le marketing par email pour promouvoir vos produits ou services à une échelle plus large.
- **Content marketing** : Utilisez le **content marketing** pour renforcer votre expertise et attirer des prospects intéressés par vos offres. La création de contenu pertinent, comme des articles de blog, des vidéos, ou des infographies, vous permet d'engager votre audience tout en améliorant votre référencement.
- **Publicité ciblée** : Utilisez des outils de publicité en ligne, comme Google Ads ou Facebook Ads, pour cibler des segments de marché spécifiques avec des campagnes sur mesure.

Exemple : Une entreprise qui cherche à entrer sur un nouveau marché géographique peut lancer une campagne ciblée de publicités Facebook pour atteindre des clients locaux et les attirer vers son site web.

22.5.2. Améliorer le processus de vente

Votre **processus de vente** doit également être optimisé pour répondre à vos ambitions de croissance. Cela inclut la mise en place de **systèmes de gestion de la relation client** (CRM), la formation des équipes de vente et l'amélioration de l'expérience client.

- **Automatisation des ventes** : Utilisez des outils d'automatisation pour simplifier certaines tâches répétitives du processus de vente, comme l'envoi de propositions ou les suivis après vente. Cela permet à votre équipe de se concentrer sur les tâches à forte valeur ajoutée.
- **CRM** : Un **CRM** (Customer Relationship Management) vous aide à suivre vos prospects, à analyser les données clients et à automatiser les tâches administratives pour améliorer la productivité de votre équipe de vente.
- **Upselling et cross-selling** : Maximisez la valeur de chaque client en proposant des offres complémentaires (cross-selling) ou des versions améliorées de vos produits (upselling).

Exemple : Une entreprise SaaS (Software as a Service) qui souhaite augmenter ses ventes peut mettre en place un CRM pour mieux gérer ses prospects, suivre les interactions clients et automatiser ses campagnes de nurturing.

22.6. Mesurer le Succès et Réévaluer Votre Stratégie de Croissance

La dernière étape dans la mise en œuvre de votre stratégie de croissance est de **mesurer le succès** et de réévaluer votre stratégie en fonction des résultats. Utilisez des indicateurs de performance clairs pour évaluer si vos efforts de croissance portent leurs fruits.

22.6.1. Suivre les indicateurs de performance (KPI)

Les **KPI** sont des outils essentiels pour mesurer le succès de vos initiatives de croissance. Voici quelques KPI à suivre :

- **Taux de croissance du chiffre d'affaires** : Mesurez l'augmentation de votre chiffre d'affaires au fil du temps pour évaluer si vos stratégies de croissance sont efficaces.
- **Taux de rétention client** : La croissance ne se limite pas à attirer de nouveaux clients, il est également essentiel de fidéliser les clients existants.
- **Coût d'acquisition client (CAC)** : Suivez combien il vous coûte d'acquérir un nouveau client et comparez-le à la valeur de chaque client pour assurer la rentabilité de vos actions marketing.

22.6.2. Ajuster votre stratégie en fonction des résultats

Si certains objectifs ne sont pas atteints, il est important de réévaluer vos **actions** et d'ajuster votre stratégie en conséquence. Parfois, cela signifie changer de méthode ou investir davantage dans certaines initiatives.

- **Tests A/B** : Utilisez des tests A/B pour comparer différentes versions de vos campagnes marketing ou de vos offres de produits et voir lesquelles fonctionnent le mieux.
- **Feedback clients** : Recueillez les retours des clients sur vos nouveaux produits ou services pour comprendre ce qui fonctionne et ce qui doit être amélioré.

Monter une Stratégie de Croissance pour un Développement Durable

Monter une **stratégie de croissance** est une étape cruciale pour garantir le développement durable de votre entreprise. Une fois que votre activité est en place, il est essentiel de planifier votre expansion de manière stratégique pour ne pas vous laisser dépasser par la concurrence ou rester stagnant. En fixant des objectifs clairs, en choisissant les bonnes approches de croissance, et en mettant en place un plan d'action détaillé, vous pouvez guider votre entreprise vers de nouveaux horizons tout en assurant une croissance stable et maîtrisée.

23.Diversifier Vos Sources de Revenus

Une entreprise en pleine croissance ne peut pas dépendre d'une seule source de revenus pour assurer sa pérennité. **Diversifier vos sources de revenus** est une stratégie essentielle pour réduire les risques, augmenter vos marges, et garantir la stabilité de votre activité à long terme. La diversification des revenus permet à votre entreprise de mieux résister aux fluctuations du marché, d'explorer de nouvelles opportunités et d'améliorer la rentabilité globale.

Dans ce chapitre, nous allons détailler comment vous pouvez **diversifier vos sources de revenus** en vous appuyant sur votre activité principale. Nous aborderons les différentes façons d'ajouter des produits complémentaires ou des services supplémentaires, les avantages de la diversification, les risques associés, et comment mettre en place une stratégie pour maximiser l'impact de ces nouvelles sources de revenus.

23.1. Pourquoi Diversifier Vos Sources de Revenus est Essentiel pour Votre Entreprise

La diversification des revenus permet à une entreprise de ne pas être **dépendante d'une seule source de revenus**. Cela offre une plus grande sécurité financière, notamment en période d'incertitude économique ou de baisse de la demande dans un secteur spécifique.

23.1.1. Réduire les risques liés aux fluctuations du marché

Lorsque vous dépendez d'un seul produit ou service, vous êtes vulnérable aux fluctuations du marché. Si la demande pour ce produit diminue en raison de la concurrence, des changements économiques, ou des évolutions technologiques, votre entreprise peut en souffrir. En diversifiant vos sources de revenus, vous créez plusieurs **flux financiers** qui vous permettent de compenser la baisse de revenus d'une source par l'augmentation d'une autre.

Exemple : Un restaurant qui propose uniquement des repas sur place peut être affecté par une baisse d'affluence en raison de facteurs économiques ou de nouvelles habitudes de consommation. En développant un service de livraison à domicile ou en proposant des plats à emporter, le restaurant peut maintenir un flux de revenus même lorsque la fréquentation diminue.

23.1.2. Augmenter la rentabilité globale

La diversification des sources de revenus vous permet non seulement de réduire les risques, mais aussi **d'augmenter vos marges bénéficiaires**. En proposant des produits ou services supplémentaires à vos clients existants, vous maximisez la valeur de chaque client. Cela vous permet d'obtenir un retour sur investissement plus important sans avoir à trouver constamment de nouveaux clients.

23.1.3. Explorer de nouvelles opportunités

Diversifier vos revenus vous permet d'explorer de **nouvelles opportunités de marché**. Vous pouvez vous ouvrir à de nouveaux segments de clientèle ou pénétrer de nouveaux marchés. En identifiant des produits ou services complémentaires, vous pouvez étendre votre offre sans nécessairement dévier de votre activité principale.

23.2. Identifier des Opportunités de Diversification

La diversification des revenus ne signifie pas que vous devez complètement changer de domaine ou de secteur. Il s'agit plutôt de trouver des moyens **d'ajouter de la valeur** à votre offre actuelle ou de tirer parti de vos compétences et ressources pour générer des revenus supplémentaires.

23.2.1. Vendre des produits complémentaires

L'une des façons les plus simples de diversifier vos revenus est de **vendre des produits complémentaires** qui s'alignent avec vos offres principales. Les produits complémentaires sont ceux qui améliorent ou accompagnent votre produit principal et répondent aux besoins de vos clients existants.

- **Produits connexes** : Identifiez des produits qui complètent naturellement ce que vous vendez déjà. Par exemple, une entreprise qui vend des vélos peut proposer des accessoires comme des casques, des lumières, ou des antivols.
- **Cross-selling** : Mettez en place une stratégie de vente croisée pour proposer des produits complémentaires lors du processus d'achat. Cela permet d'augmenter la valeur moyenne des commandes.

Exemple : Un salon de coiffure peut vendre des produits capillaires haut de gamme (shampooings, soins) à ses clients, augmentant ainsi ses revenus tout en répondant aux besoins de sa clientèle pour maintenir la qualité de leur coiffure entre deux visites.

23.2.2. Offrir des services supplémentaires

En plus de vendre des produits complémentaires, vous pouvez **ajouter des services supplémentaires** qui apportent de la valeur à vos clients tout en générant des revenus supplémentaires. Les services supplémentaires sont souvent une excellente option car ils n'exigent pas toujours un investissement en stock, mais se basent sur votre expertise existante.

- **Support ou maintenance** : Si vous vendez un produit complexe, vous pouvez proposer un service de support, d'installation ou de maintenance pour aider vos clients à l'utiliser efficacement.
- **Formations** : Si vous avez une expertise dans un domaine particulier, offrir des formations ou des consultations peut être un excellent moyen de monétiser vos connaissances tout en aidant vos clients à tirer le meilleur parti de vos produits ou services.

Exemple : Une entreprise qui vend des logiciels de comptabilité peut proposer des formations pour aider ses clients à mieux utiliser le logiciel ou offrir des services de support technique pour les accompagner dans les installations et la configuration.

23.2.3. Créer des abonnements ou des services récurrents

Les **revenus récurrents** sont l'une des sources les plus stables et prévisibles pour une entreprise. La création d'un service d'abonnement ou de services récurrents peut être une stratégie puissante pour diversifier vos revenus tout en augmentant la fidélité des clients.

- **Abonnements produits** : Vous pouvez proposer à vos clients un abonnement pour recevoir régulièrement vos produits. Cela fonctionne bien pour des produits de consommation comme les articles de soins personnels, les produits alimentaires ou les fournitures de bureau.
- **Services récurrents** : Si vous proposez des services, vous pouvez mettre en place un modèle d'abonnement pour facturer régulièrement des prestations (comme des contrats d'entretien, des services de conseil continus ou des audits réguliers).

Exemple : Une entreprise qui vend du café en ligne pourrait proposer un service d'abonnement mensuel permettant à ses clients de recevoir du café fraîchement torréfié à domicile chaque mois, garantissant ainsi des revenus réguliers et fidélisant les clients.

23.2.4. Monétiser des contenus numériques

Les **contenus numériques** sont un autre moyen efficace de diversifier vos sources de revenus sans nécessiter d'investissements en stocks physiques. Si vous avez une expertise ou du contenu à valeur ajoutée, vous pouvez créer et vendre des produits numériques tels que des **e-books**, des **cours en ligne**, des **vidéos pédagogiques**, ou des **webinaires**.

- **Créer des e-books ou guides pratiques** : Partagez votre expertise à travers des e-books ou des guides téléchargeables que vos clients peuvent acheter pour approfondir leurs connaissances sur un sujet spécifique.
- **Offrir des cours en ligne** : Les plateformes comme Udemy ou Teachable vous permettent de créer des cours en ligne et de toucher une large audience tout en monétisant vos connaissances.

Exemple : Une agence de marketing digital peut proposer un cours en ligne sur les stratégies de marketing sur les réseaux sociaux, vendant ce contenu à la demande à des entrepreneurs ou des équipes marketing qui souhaitent développer leurs compétences.

23.3. Les Avantages de la Diversification des Revenus

Diversifier vos sources de revenus offre plusieurs avantages qui contribuent à la **stabilité** et à la **croissance** de votre entreprise.

23.3.1. Réduction de la dépendance à une seule source de revenus

En ayant plusieurs flux de revenus, vous réduisez votre **dépendance** à un seul produit ou service. Cela signifie que si une source de revenus ralentit ou disparaît en raison de changements économiques ou de la demande des clients, vous pouvez toujours compter sur d'autres flux pour maintenir la santé financière de votre entreprise.

23.3.2. Amélioration de la fidélisation des clients

Lorsque vous proposez à vos clients des produits ou services complémentaires, vous **augmentez leur satisfaction** et leur fidélité. Ils seront plus susceptibles de rester fidèles à votre marque s'ils trouvent tout ce dont ils ont besoin auprès d'une seule entreprise. La diversification des revenus, notamment par des abonnements ou des services supplémentaires, permet également de créer une **relation à long terme** avec vos clients.

23.3.3. Création de nouvelles opportunités de marché

La diversification vous permet également de pénétrer **de nouveaux segments de marché**. En proposant des produits ou services qui répondent à d'autres besoins de vos clients ou en entrant dans des niches connexes, vous pouvez toucher de nouveaux clients que vous n'aviez pas encore atteints avec votre offre principale.

Exemple : Un fabricant de vêtements de sport peut se diversifier en lançant une gamme d'accessoires de sport (bouteilles, sacs de sport) et attirer une nouvelle clientèle qui recherche des produits de fitness sans être nécessairement intéressée par les vêtements.

23.4. Les Risques Associés à la Diversification

Bien que la diversification des revenus soit une stratégie bénéfique, elle comporte aussi des **risques** qu'il est important de comprendre et de gérer. Une mauvaise exécution de cette stratégie peut diluer votre marque, surcharger vos ressources, ou détourner votre attention de votre cœur de métier.

23.4.1. Perte de focus sur l'activité principale

L'un des risques majeurs de la diversification est que vous pourriez **perdre de vue votre activité principale**. Si vous concentrez trop de ressources sur des produits ou services annexes, vous risquez de négliger votre offre principale, ce qui peut nuire à la qualité et à la satisfaction client.

Exemple : Une entreprise de technologie pourrait se concentrer trop sur la vente d'accessoires et délaisser l'innovation et l'amélioration de ses produits phares, ce qui pourrait entraîner une perte de compétitivité sur son marché principal.

23.4.2. Surcharge des ressources

La diversification des revenus peut également **surcharger vos ressources** internes, que ce soit au niveau de la main-d'œuvre, du temps ou des finances. L'introduction de nouveaux produits ou services exige souvent de la recherche, du développement, des tests, et de nouvelles compétences, ce qui peut être coûteux et chronophage si vous n'avez pas les ressources adéquates.

Conseil : Évaluez soigneusement vos capacités internes avant de vous engager dans de nouveaux projets et assurez-vous que vous avez les ressources nécessaires pour les mener à bien sans compromettre votre activité existante.

23.4.3. Dilution de la marque

Si vous diversifiez trop rapidement ou dans des secteurs trop éloignés de votre cœur de métier, vous risquez de **diluer votre marque**. Il est essentiel de rester cohérent avec l'image et les valeurs de votre entreprise lorsque vous introduisez de nouveaux produits ou services. Une diversification mal alignée peut troubler vos clients existants et nuire à la perception de votre marque.

Exemple : Une entreprise spécialisée dans les produits de luxe qui décide de lancer une gamme de produits à bas prix pourrait nuire à son image de marque haut de gamme, ce qui pourrait éloigner sa clientèle principale.

23.5. Élaborer une Stratégie de Diversification des Revenus

Pour réussir à diversifier vos sources de revenus, il est essentiel de développer une **stratégie bien pensée**. Cela implique de bien planifier, d'analyser les opportunités, de fixer des objectifs clairs, et de tester vos nouvelles offres avant de les déployer à grande échelle.

23.5.1. Analyser vos clients et leurs besoins

La première étape dans la diversification des revenus consiste à **analyser les besoins de vos clients** actuels. En comprenant ce qu'ils recherchent ou ce dont ils pourraient avoir besoin en plus de vos offres actuelles, vous pouvez mieux orienter vos efforts de diversification.

- **Enquêtes client** : Réalisez des enquêtes ou des sondages pour comprendre quels produits ou services supplémentaires vos clients seraient intéressés à acheter.
- **Analyse des comportements d'achat** : Analysez les comportements de vos clients existants pour identifier les opportunités de vente additionnelle ou de produits complémentaires.

Exemple : Si vous êtes propriétaire d'une salle de sport, vous pouvez demander à vos membres s'ils seraient intéressés par des produits nutritionnels ou des services de coaching personnalisé pour améliorer leur expérience.

23.5.2. Tester vos nouvelles offres sur une petite échelle

Avant de lancer une nouvelle source de revenus à grande échelle, il est conseillé de **tester vos offres** auprès d'un échantillon de clients ou dans une région géographique spécifique. Cela vous permet d'évaluer la demande réelle et de peaufiner votre offre en fonction des retours clients.

- **Lancer une version bêta** : Testez vos nouveaux produits ou services avec un groupe restreint de clients pour recueillir leurs avis et identifier d'éventuels problèmes avant de vous lancer sur un marché plus large.
- **Analyser les performances** : Utilisez les données issues de ces tests pour évaluer la rentabilité, la satisfaction client, et le potentiel de croissance.

Exemple : Si vous envisagez de lancer un service d'abonnement à des repas prêts à emporter dans votre restaurant, proposez-le d'abord à un groupe restreint de clients réguliers avant de le commercialiser plus largement.

23.5.3. Fixer des objectifs financiers et mesurer les performances

Pour vous assurer que votre diversification des revenus est réussie, vous devez **fixer des objectifs financiers clairs** et mesurer régulièrement les performances de vos nouvelles sources de revenus. Suivez des indicateurs clés comme le chiffre d'affaires, les marges bénéficiaires, ou le retour sur investissement (ROI).

* **Suivi des KPI** : Identifiez des indicateurs de performance clés qui vous permettront d'évaluer l'impact de vos nouvelles offres sur votre entreprise.
* **Analyse de la rentabilité** : Assurez-vous que les nouvelles sources de revenus sont rentables à long terme et qu'elles contribuent à la croissance globale de votre entreprise.

Exemple : Si vous lancez un abonnement mensuel à des services de coaching, suivez le **taux de rétention client**, le **coût d'acquisition client** (CAC), et la **valeur vie client** (CLV) pour mesurer l'impact à long terme sur votre chiffre d'affaires.

23.6. Exemples Réussis de Diversification des Revenus

Il existe de nombreux exemples d'entreprises qui ont réussi à diversifier leurs revenus de manière stratégique et rentable. Voici quelques exemples de diversification qui ont permis à des entreprises d'accroître leur succès et leur stabilité financière.

23.6.1. Amazon : de la vente de livres à la technologie et aux services de cloud

Amazon a commencé comme une simple librairie en ligne, mais a rapidement diversifié ses revenus en ajoutant de nouveaux produits, services et technologies. L'entreprise a évolué pour devenir une **place de marché** où les vendeurs tiers peuvent proposer leurs produits, tout en développant des services technologiques comme **Amazon Web Services (AWS)**, qui est aujourd'hui l'un des leaders mondiaux du cloud computing.

23.6.2. Apple : des ordinateurs aux services numériques

Apple, connu à l'origine pour ses ordinateurs, a diversifié ses revenus en lançant une gamme de produits (iPod, iPhone, iPad) et en entrant dans le secteur des services numériques avec **iTunes**, **Apple Music**, **Apple TV+**, et l'**App Store**. Aujourd'hui, une part importante de ses revenus provient de ces services, ce qui a permis à l'entreprise de se protéger contre les fluctuations du marché des appareils électroniques.

23.6.3. Nike : produits complémentaires et abonnement numérique

Nike, connu pour ses articles de sport, a diversifié ses revenus en ajoutant des **produits complémentaires** tels que des accessoires de sport et des vêtements. Plus récemment, l'entreprise a également développé des services numériques avec des applications de fitness et des programmes d'entraînement personnalisés, accessibles via des abonnements, pour engager davantage ses clients dans l'écosystème de la marque.

Diversifier Vos Sources de Revenus pour Assurer la Croissance et la Stabilité

Diversifier vos sources de revenus est une stratégie indispensable pour assurer la **croissance** et la **stabilité** de votre entreprise. En ajoutant des produits complémentaires, des services supplémentaires, ou des revenus récurrents, vous pouvez augmenter votre rentabilité, réduire votre dépendance à un seul flux de revenus, et explorer de nouvelles opportunités de marché.

Cependant, il est essentiel de planifier soigneusement cette diversification pour éviter les risques tels que la dilution de votre marque ou la surcharge de vos ressources. Une approche méthodique, basée sur une analyse approfondie de vos clients et des tests de vos nouvelles offres, vous permettra de maximiser les bénéfices tout en minimisant les risques.

24.Mesurer Vos Progrès et Ajuster Votre Stratégie

Pour garantir la réussite et la pérennité d'une entreprise, il est essentiel de **mesurer régulièrement les progrès** réalisés et d'**ajuster la stratégie** en fonction des résultats. Une bonne gestion d'entreprise repose sur la capacité à surveiller les performances et à identifier les opportunités d'amélioration ou de changement lorsque cela est nécessaire. C'est là qu'interviennent les **indicateurs de performance clés (KPI)**, qui permettent d'évaluer la santé de l'entreprise de manière objective et d'orienter les décisions stratégiques.

Dans ce chapitre, nous allons explorer en détail comment **mesurer vos progrès**, identifier les KPI les plus pertinents, et comment ajuster vos stratégies de manière proactive pour garantir une croissance continue. Vous découvrirez également comment les données issues de ces mesures peuvent influencer les décisions futures, et comment utiliser ces informations pour optimiser l'efficacité de vos processus.

24.1. L'Importance de Mesurer Vos Progrès pour une Croissance Durable

Mesurer les progrès de votre entreprise est essentiel pour **surveiller la santé de votre activité**. Cela vous permet non seulement de voir si vous atteignez vos objectifs, mais aussi de comprendre ce qui fonctionne et ce qui nécessite des ajustements. En mettant en place des mesures appropriées, vous serez en mesure de prendre des décisions éclairées et d'adapter votre stratégie pour maximiser les résultats.

24.1.1. Suivi des performances pour éviter les erreurs coûteuses

Une gestion rigoureuse des performances vous permet d'**éviter des erreurs coûteuses**. En surveillant les résultats de vos efforts, vous pouvez rapidement identifier les domaines où des inefficacités ou des problèmes surviennent, et les corriger avant qu'ils n'impactent gravement la rentabilité ou la satisfaction client.

Exemple : Si vous constatez que les coûts de production augmentent alors que vos revenus stagnent, un suivi attentif des indicateurs financiers vous permettra de réagir rapidement en ajustant vos processus de fabrication ou en recherchant des fournisseurs plus compétitifs.

24.1.2. Améliorer la prise de décision stratégique

En vous appuyant sur des **données fiables** et des indicateurs de performance, vous pouvez prendre des décisions stratégiques plus éclairées. Sans ces informations, il est facile de baser les décisions sur des hypothèses ou des intuitions qui ne reflètent pas la réalité. Les données objectives fournies par le suivi des performances vous permettent de valider ou d'invalider vos stratégies actuelles.

24.1.3. Garantir une croissance durable

Les entreprises qui mesurent régulièrement leurs progrès sont mieux équipées pour garantir une **croissance durable**. En ajustant vos actions et en optimisant vos ressources en fonction des résultats obtenus, vous pouvez maintenir le cap vers vos objectifs à long terme sans vous laisser déstabiliser par des imprévus ou des difficultés temporaires.

24.2. Les Indicateurs de Performance Clés (KPI)

Les **indicateurs de performance clés** (Key Performance Indicators ou KPI) sont des outils de mesure essentiels pour suivre l'avancement de vos objectifs stratégiques. Ils permettent de quantifier des aspects spécifiques de la performance de votre entreprise et de savoir si vous progressez dans la bonne direction. Cependant, il est important de choisir les **KPI pertinents** pour votre entreprise, car tous les indicateurs ne sont pas adaptés à toutes les activités.

24.2.1. Types de KPI

Il existe différents types de KPI que vous pouvez utiliser pour évaluer la performance de votre entreprise. Ces indicateurs peuvent être regroupés en plusieurs catégories, selon qu'ils mesurent la performance financière, l'efficacité opérationnelle, la satisfaction client ou la productivité.

- **KPI financiers** : Ils mesurent la santé financière de votre entreprise. Ces indicateurs incluent le chiffre d'affaires, le bénéfice net, le coût d'acquisition client (CAC), la marge bénéficiaire, et le retour sur investissement (ROI).

- **KPI de productivité** : Ils vous permettent de suivre l'efficacité de vos opérations, comme le temps nécessaire pour produire un bien, la productivité des employés ou le taux d'utilisation des ressources.

- **KPI liés à la satisfaction client** : Ils évaluent la satisfaction de vos clients vis-à-vis de vos produits ou services, par exemple via le **Net Promoter Score (NPS)**, le taux de fidélisation client ou le nombre de plaintes clients.

- **KPI de marketing et de ventes** : Ils incluent les indicateurs qui mesurent la performance de vos campagnes marketing et de vos équipes commerciales, comme le taux de conversion, le taux de clics (CTR), ou encore le coût par lead.

24.2.2. Sélectionner les bons KPI pour votre entreprise

Le choix des KPI dépend de vos objectifs spécifiques et de votre secteur d'activité. Voici quelques critères pour vous aider à sélectionner les bons KPI :

- **Pertinence** : Les KPI doivent être directement liés à vos objectifs de croissance. Par exemple, si vous cherchez à améliorer vos ventes, le taux de conversion est un KPI pertinent.
- **Mesurabilité** : Il doit être possible de quantifier chaque KPI de manière précise, à l'aide de données réelles et fiables.
- **Accessibilité** : Choisissez des KPI dont les données peuvent être facilement collectées et analysées.
- **Temporalité** : Les KPI doivent refléter les performances sur des périodes définies, comme des semaines, des mois, ou des trimestres, selon vos besoins.

Exemple : Une startup de e-commerce pourrait choisir de suivre les KPI suivants : le coût d'acquisition client (CAC), le taux de conversion, et la valeur vie client (CLV), qui sont essentiels pour mesurer la rentabilité des investissements en marketing et la croissance du chiffre d'affaires.

24.3. Suivre et Analyser Vos Indicateurs de Performance

Une fois que vous avez identifié les KPI pertinents, il est essentiel de mettre en place des **systèmes de suivi** efficaces pour collecter les données nécessaires et analyser vos performances de manière continue. Cela peut impliquer l'utilisation de **logiciels de gestion** ou de **tableaux de bord** personnalisés.

24.3.1. Utiliser des outils de suivi des performances

Il existe une grande variété d'**outils logiciels** qui permettent de suivre et d'analyser vos KPI en temps réel. Ces outils vous offrent une vision claire et actualisée des résultats de votre entreprise, vous permettant ainsi de réagir rapidement aux fluctuations.

- **Google Analytics** : Un outil essentiel pour analyser le trafic sur votre site web et comprendre les comportements des utilisateurs. Il permet de suivre des KPI tels que le taux de conversion, le nombre de visiteurs ou encore le temps passé sur une page.

- **CRM (Customer Relationship Management)** : Les logiciels CRM comme **Salesforce** ou **HubSpot** sont utiles pour suivre les KPI liés aux ventes et à la gestion de la relation client, tels que le nombre de prospects, le taux de conversion, et les interactions avec les clients.

- **Tableaux de bord financiers** : Des outils comme **QuickBooks** ou **Xero** vous permettent de suivre les KPI financiers comme les marges bénéficiaires, le flux de trésorerie, et les coûts d'exploitation.

24.3.2. Analyser les données pour détecter des tendances

L'analyse des données collectées à partir de vos KPI est cruciale pour détecter des **tendances** ou des **schémas récurrents** dans la performance de votre entreprise. Cela vous aide à identifier les périodes où les ventes augmentent ou diminuent, à comprendre comment vos actions marketing influencent les conversions, ou encore à évaluer l'efficacité de vos campagnes publicitaires.

- **Analyse comparative** : Comparez les performances actuelles avec celles des périodes précédentes pour voir si vous êtes sur la bonne voie.
- **Détection des anomalies** : Recherchez des anomalies ou des écarts dans les données, tels qu'une baisse soudaine du chiffre d'affaires ou une augmentation inattendue des coûts.

Exemple : Une entreprise peut analyser les performances de sa campagne de publicité payante sur plusieurs mois pour déterminer quels types d'annonces sont les plus performantes en termes de coût par acquisition (CPA), et ajuster ses dépenses publicitaires en fonction.

24.3.3. Fixer des seuils d'alerte pour les KPI critiques

Il est souvent utile de fixer des **seuils d'alerte** pour vos KPI critiques. Si un KPI dépasse ou tombe en dessous de ce seuil, cela vous avertit qu'une action est nécessaire pour rectifier la situation.

Exemple : Si le coût d'acquisition client (CAC) dépasse un certain seuil, vous pourriez recevoir une alerte vous indiquant qu'il est temps de revoir vos stratégies marketing et d'optimiser vos dépenses publicitaires.

24.4. Ajuster Votre Stratégie en Fonction des Résultats

Une fois que vous avez mesuré et analysé vos progrès, l'étape suivante consiste à **ajuster votre stratégie** si nécessaire. Vos KPI vous fourniront des informations précieuses sur ce qui fonctionne et ce qui ne fonctionne pas, vous permettant d'apporter des **améliorations continues** à vos processus.

24.4.1. Analyser les écarts par rapport aux objectifs

Si vous constatez un écart entre vos résultats réels et les objectifs que vous vous étiez fixés, il est essentiel d'**analyser la cause** de cet écart. Cela peut être dû à des facteurs internes, comme une inefficacité opérationnelle, ou à des facteurs externes, comme des changements dans le comportement des consommateurs ou la concurrence.

- **Facteurs internes** : Identifiez les problèmes liés à la gestion interne de l'entreprise, comme une mauvaise allocation des ressources, des outils inefficaces, ou des délais dans la production.
- **Facteurs externes** : Prenez en compte les évolutions du marché, comme une baisse de la demande ou l'arrivée de nouveaux concurrents, et ajustez votre stratégie en conséquence.

Exemple : Si une entreprise de e-commerce constate une baisse significative de son taux de conversion, elle pourrait examiner ses annonces, ses pages produits et l'expérience utilisateur pour identifier des points à améliorer.

24.4.2. Tester de nouvelles approches

Les résultats des KPI peuvent également vous donner l'occasion de **tester de nouvelles approches** pour améliorer vos performances. L'expérimentation est essentielle pour trouver les meilleures stratégies qui mènent au succès. Les **tests A/B** sont une méthode populaire pour comparer deux versions d'un élément (page web, publicité, email) afin de déterminer laquelle donne les meilleurs résultats.

- **Optimisation marketing** : Testez différents messages, formats d'annonces, ou visuels pour voir ce qui fonctionne le mieux pour attirer de nouveaux clients.
- **Amélioration des processus** : Testez de nouveaux processus ou méthodes pour réduire les coûts ou améliorer l'efficacité.

Exemple : Une entreprise de services en ligne peut tester différentes stratégies d'acquisition de leads (publicité payante, SEO, réseaux sociaux) pour voir laquelle génère le meilleur coût par lead et ajuster son budget en fonction des résultats.

24.4.3. Réévaluer les objectifs à long terme

Les données fournies par vos KPI peuvent également vous aider à **réévaluer vos objectifs à long terme**. Si certains objectifs ne sont pas réalistes ou doivent être ajustés en fonction des changements dans l'environnement économique ou le marché, il est important de revoir vos priorités et de mettre en place de nouveaux jalons.

- **Adapter vos objectifs** : Si vous constatez que certaines stratégies n'atteignent pas les résultats escomptés, il peut être nécessaire de réviser vos objectifs ou de fixer de nouveaux objectifs plus adaptés aux circonstances actuelles.
- **Suivre les tendances du marché** : Gardez un œil sur les tendances du marché et ajustez vos objectifs de croissance pour vous adapter à de nouvelles opportunités ou à des menaces potentielles.

Exemple : Si votre entreprise de SaaS (Software as a Service) voit une augmentation rapide de la concurrence, vous pourriez réévaluer vos objectifs de croissance initiale pour vous concentrer sur la rétention des clients existants et l'amélioration des fonctionnalités de votre produit.

24.5. Favoriser une Culture de l'Amélioration Continue

Pour garantir que la mesure des performances et l'ajustement des stratégies deviennent un processus **continu** dans votre entreprise, il est essentiel de promouvoir une culture de **l'amélioration continue**. Cela signifie encourager votre équipe à analyser les résultats de manière régulière et à proposer des idées d'amélioration sur la base des données recueillies.

24.5.1. Impliquer l'ensemble de l'équipe dans l'analyse des performances

Pour que les ajustements stratégiques soient efficaces, il est important d'**impliquer l'ensemble de l'équipe** dans le processus d'analyse et d'évaluation des résultats. Cela permet d'obtenir différents points de vue et de mieux comprendre les causes des écarts par rapport aux objectifs.

- **Réunions régulières** : Organisez des réunions périodiques pour passer en revue les KPI avec vos équipes et identifier ensemble les domaines à améliorer.
- **Feedback** : Encouragez vos employés à partager leurs idées et leurs retours d'expérience. Ils sont souvent les premiers à remarquer les inefficacités dans les processus ou à avoir des suggestions pour améliorer les résultats.

24.5.2. Intégrer la gestion des KPI dans les processus de décision

La gestion des KPI doit être intégrée dans vos **processus de décision** quotidiens. Chaque décision stratégique importante, qu'il s'agisse d'une nouvelle campagne marketing, d'une embauche ou d'un investissement en technologie, doit être prise en tenant compte des KPI qui indiquent la performance actuelle de l'entreprise.

- **Basé sur les données** : Utilisez les KPI comme base de décision pour toutes les actions majeures. Cela garantit que vos décisions sont fondées sur des faits plutôt que sur des hypothèses.
- **Ajustements rapides** : Faites en sorte que les ajustements en réponse aux KPI soient rapides et agiles. Une prise de décision lente peut entraîner des pertes financières ou des opportunités manquées.

Exemple : Une entreprise pourrait suivre les performances d'une nouvelle gamme de produits au cours des trois premiers mois suivant son lancement. Si les KPI montrent que les ventes ne répondent pas aux attentes, l'équipe peut ajuster le prix ou modifier la stratégie marketing pour améliorer les résultats.

Mesurer et Ajuster pour une Croissance Durable

La **mesure des progrès** et l'**ajustement de la stratégie** sont des éléments fondamentaux pour garantir la **croissance durable** de votre entreprise. En mettant en place des **indicateurs de performance clés** pertinents, en surveillant attentivement vos résultats et en ajustant vos actions en fonction des données, vous pouvez garantir que votre entreprise reste sur la bonne voie pour atteindre ses objectifs.

La clé du succès réside dans une approche **proactive et agile**. Ne pas attendre que des problèmes majeurs apparaissent avant de réagir, mais plutôt effectuer des ajustements constants en fonction des résultats obtenus. C'est ce processus d'amélioration continue qui vous permettra d'optimiser vos performances et d'assurer la pérennité de votre entreprise à long terme.

25 : Rester Focus sur Votre Vision et Votre Passion

L'entrepreneuriat est un voyage passionnant, mais également semé d'embûches. Que vous démarriez une entreprise avec peu de ressources ou que vous soyez déjà bien établi, il est essentiel de **rester concentré sur votre vision et votre passion**. Ces éléments sont les fondations qui guideront votre entreprise à travers les hauts et les bas, et qui vous permettront de bâtir quelque chose d'authentique et durable.

Dans ce chapitre, nous allons explorer l'importance de **rester aligné avec votre vision**, pourquoi votre passion est un moteur essentiel pour traverser les moments difficiles, et comment maintenir le cap tout au long de votre parcours entrepreneurial. Nous aborderons également des stratégies pour éviter les distractions, rester motivé et fidèle à vos valeurs, tout en construisant une entreprise qui vous ressemble.

25.1. L'Importance de Rester Aligné avec Votre Vision

Votre **vision** est la représentation à long terme de ce que vous souhaitez accomplir avec votre entreprise. Elle est bien plus qu'un simple objectif financier ou un chiffre à atteindre ; c'est une image de l'impact que vous souhaitez avoir, de la manière dont vous souhaitez contribuer à votre secteur et de la façon dont votre entreprise reflète vos valeurs personnelles. En restant aligné avec cette vision, vous pouvez garder le cap malgré les défis qui se présentent.

25.1.1. La vision comme boussole pour les décisions stratégiques

Votre vision agit comme une **boussole** qui oriente vos décisions stratégiques à chaque étape de votre parcours entrepreneurial. Que vous fassiez face à des opportunités de croissance ou à des moments d'incertitude, votre vision vous aide à rester concentré sur ce qui compte réellement pour vous. Sans cette direction claire, il est facile de vous laisser distraire par des opportunités à court terme qui pourraient vous éloigner de vos objectifs fondamentaux.

Exemple : Si votre vision est de créer une entreprise éthique et durable, vous refuserez peut-être des partenariats ou des opportunités lucratives qui ne correspondent pas à vos valeurs environnementales, même si elles semblent attractives financièrement à court terme.

25.1.2. Inspirer votre équipe et vos partenaires

Lorsque vous communiquez clairement votre vision, elle devient un outil puissant pour **inspirer et motiver** les personnes qui travaillent avec vous. Une équipe qui comprend et partage votre vision est plus susceptible de rester engagée et motivée, même dans les moments difficiles. De même, des partenaires ou investisseurs qui adhèrent à votre vision seront plus enclins à soutenir vos initiatives sur le long terme.

25.2. Pourquoi Votre Passion Est un Moteur Essentiel

La **passion** est ce qui vous pousse à avancer, même lorsque les choses deviennent difficiles. Lorsque vous êtes passionné par ce que vous faites, chaque défi devient une opportunité d'apprendre et de grandir. Sans cette passion, il est facile de se décourager et de perdre de vue vos objectifs, surtout dans les premières années, lorsque les obstacles peuvent sembler insurmontables.

25.2.1. Transformer les défis en opportunités d'apprentissage

Lancer une entreprise à partir de zéro signifie souvent faire face à des échecs, des revers et des moments de doute. Votre passion est ce qui vous permet de **transformer ces défis** en opportunités d'apprentissage, au lieu de vous laisser abattre par eux. Les entrepreneurs passionnés sont ceux qui cherchent constamment à améliorer leurs compétences, à tester de nouvelles idées et à innover pour surmonter les obstacles.

Exemple : Steve Jobs, le fondateur d'Apple, est souvent cité pour sa passion inébranlable pour l'innovation et la technologie. Malgré les échecs précoces, sa passion l'a poussé à persévérer, à apprendre de ses erreurs, et à faire d'Apple l'une des entreprises les plus innovantes au monde.

25.2.2. Alimenter votre résilience à long terme

La passion joue également un rôle crucial dans le développement de votre **résilience**. Lorsque vous êtes passionné par ce que vous faites, vous êtes plus enclin à persévérer face aux difficultés. Cette résilience est particulièrement importante dans les moments où les résultats ne sont pas encore au rendez-vous ou lorsque les défis financiers se font sentir.

En vous connectant régulièrement à votre passion, vous pouvez vous rappeler pourquoi vous avez commencé ce voyage entrepreneurial et rester motivé pour avancer, même lorsque le chemin semble long.

25.3. Rester Fidèle à Vos Valeurs et à Votre Identité

Votre entreprise est une extension de vous-même. Pour qu'elle soit authentique et durable, elle doit refléter vos **valeurs** et votre **identité**. À une époque où les consommateurs recherchent des marques authentiques et transparentes, rester fidèle à vos principes peut vous aider à vous démarquer de la concurrence.

25.3.1. La cohérence comme clé de l'authenticité

Lorsque votre entreprise reste fidèle à vos valeurs, vous construisez une **marque authentique**, qui attire des clients et des partenaires qui partagent ces mêmes valeurs. Cette cohérence est essentielle pour instaurer la **confiance**. Si vous changez constamment de direction ou si vos actions ne sont pas en adéquation avec vos valeurs déclarées, cela peut créer de la confusion et nuire à votre réputation.

Exemple : Si vous avez bâti votre entreprise autour de valeurs écologiques, mais que vous adoptez soudain des pratiques non respectueuses de l'environnement pour réduire les coûts, cela pourrait décevoir vos clients et ternir votre image de marque.

25.3.2. Attirer les bons clients et partenaires

Être fidèle à vos valeurs vous permet également d'**attirer les bonnes personnes** : des clients qui partagent votre vision, des partenaires qui adhèrent à vos principes et des employés qui croient en votre mission. Lorsque vous vous concentrez sur ce qui vous ressemble, vous créez une communauté engagée autour de votre marque, ce qui renforce sa résilience à long terme.

Exemple : Patagonia, la marque d'équipement de plein air, est un excellent exemple d'une entreprise qui reste fidèle à ses valeurs environnementales. En se concentrant sur des pratiques durables et éthiques, Patagonia attire des clients et des employés qui partagent ces valeurs, créant ainsi une communauté forte autour de la marque.

25.4. Éviter les Distractions et Rester Concentré sur l'Essentiel

Dans le parcours entrepreneurial, il est facile de se **laisser distraire** par des opportunités ou des idées qui, bien que tentantes, ne sont pas toujours alignées avec votre vision initiale. Il est donc crucial de savoir dire non à certaines opportunités, même si elles semblent lucratives à court terme, pour rester concentré sur ce qui compte vraiment.

25.4.1. Apprendre à dire non aux opportunités non alignées

L'un des plus grands défis pour un entrepreneur est de **rester concentré** sur sa mission principale, surtout lorsque des opportunités inattendues se présentent. Cependant, accepter chaque opportunité sans discernement peut vous éloigner de votre trajectoire initiale et diluer votre marque. Il est important de **filtrer** les opportunités et de vous assurer qu'elles sont alignées avec votre vision à long terme avant de les accepter.

Exemple : Un consultant en marketing pourrait être tenté de diversifier ses services en ajoutant la gestion de réseaux sociaux, même si cela ne fait pas partie de son cœur de métier. Cependant, cela pourrait le détourner de ses compétences principales et nuire à sa spécialisation initiale.

25.4.2. Prioriser les actions qui servent votre vision

Pour rester concentré sur ce qui est vraiment important, il est essentiel de **prioriser les actions** qui servent directement votre vision. Cela signifie se concentrer sur les projets, les clients et les initiatives qui rapprochent votre entreprise de ses objectifs à long terme, tout en évitant les distractions et les tâches secondaires qui n'apportent pas de valeur significative.

- **Établir des priorités claires** : Faites régulièrement le point sur vos priorités. Classez vos tâches et projets en fonction de leur alignement avec votre vision et de leur potentiel à faire progresser votre entreprise.
- **Éliminer les tâches non essentielles** : Identifiez les tâches chronophages ou non alignées avec votre vision, et trouvez des moyens de les automatiser, de les déléguer ou de les éliminer.

25.5. Surmonter les Défis en Restant Focus sur Votre Objectif Final

Lancer et développer une entreprise est un défi qui demande persévérance, discipline, et flexibilité. En restant concentré sur votre vision et votre passion, vous pourrez mieux **surmonter les obstacles** qui se dressent sur votre chemin et garder votre entreprise sur la voie du succès à long terme.

25.5.1. S'adapter sans perdre de vue la vision

Bien que la vision soit la ligne directrice, il est important de rester **flexible** dans l'approche. Les défis externes, tels que les changements du marché, les crises économiques ou les évolutions technologiques, exigent parfois de s'adapter et de faire des ajustements à court terme. Cependant, ces ajustements ne doivent pas vous faire perdre de vue votre vision initiale.

Exemple : Si votre vision est de créer une entreprise de mode éthique, vous pouvez être amené à modifier vos processus de fabrication pour répondre à de nouvelles régulations ou tendances tout en restant fidèle à votre mission de durabilité.

25.5.2. Prendre soin de vous pour rester motivé

L'entrepreneuriat peut être épuisant sur le plan émotionnel et physique. Pour rester concentré et motivé sur le long terme, il est essentiel de **prendre soin de vous**. Cela inclut de trouver un équilibre entre le travail et la vie personnelle, d'éviter le surmenage, et de pratiquer des activités qui nourrissent votre passion et votre créativité.

- **Prendre des pauses régulières** : Ne négligez pas l'importance de faire des pauses et de recharger vos batteries. Cela vous permet de prendre du recul, de retrouver de la clarté et de rester concentré sur votre vision.
- **Trouver des sources d'inspiration** : Pour raviver votre passion lorsque vous vous sentez découragé, cherchez des **sources d'inspiration** extérieures. Que ce soit en lisant des biographies d'entrepreneurs que vous admirez, en participant à des conférences, ou en échangeant avec d'autres entrepreneurs, cela vous aidera à rester motivé.

25.6. Construire une Entreprise Durable et Authentique

En gardant le cap sur votre vision et votre passion, vous construirez non seulement une entreprise rentable, mais aussi une entreprise **authentique** et **durable**. La durabilité ne se limite pas à la longévité financière, mais inclut également votre capacité à **rester fidèle à vous-même**, à vos valeurs, et à l'impact que vous souhaitez avoir à long terme.

25.6.1. Créer une marque authentique et transparente

Les entreprises qui réussissent à long terme sont celles qui sont perçues comme **authentiques et transparentes** par leurs clients. En restant aligné sur vos valeurs et en communiquant de manière transparente, vous gagnerez la confiance de vos clients et construirez une relation à long terme avec eux.

- **Transparence dans les pratiques** : Que ce soit dans la manière dont vous fabriquez vos produits, traitez vos employés ou interagissez avec vos clients, la transparence crée une relation de confiance. Les consommateurs sont de plus en plus soucieux de la manière dont les entreprises agissent et recherchent des marques qui partagent leurs valeurs.

- **Alignement des actions et des valeurs** : Pour rester authentique, il est essentiel que vos actions soient en accord avec vos valeurs. Toute incohérence entre ce que vous prônez et ce que vous faites peut nuire à votre crédibilité.

Exemple : Une entreprise comme Ben & Jerry's est un exemple d'entreprise authentique qui reste fidèle à ses valeurs sociales tout en développant une activité prospère. Leur engagement pour les causes sociales et environnementales est profondément ancré dans leur marque, ce qui leur permet de fidéliser des clients qui partagent ces valeurs.

25.6.2. Penser à l'impact à long terme

Votre vision doit inclure l'**impact à long terme** que vous souhaitez avoir sur votre secteur, vos clients et même sur le monde. En restant concentré sur votre vision à long terme, vous pouvez prendre des décisions qui ne sont pas seulement bénéfiques sur le plan financier, mais qui contribuent aussi à un changement positif dans votre environnement.

Exemple : Tesla, dirigée par Elon Musk, a pour vision de « favoriser la transition mondiale vers une énergie durable ». Cette vision à long terme guide toutes les décisions de l'entreprise, de la production de véhicules électriques à la construction de batteries et de systèmes d'énergie renouvelable.

Garder le Cap sur Votre Vision pour Bâtir une Entreprise Durable

Rester focus sur votre vision et votre passion est la clé pour bâtir une entreprise durable et authentique. Dans un monde entrepreneurial en constante évolution, il est facile de se laisser distraire par des opportunités éphémères ou des tendances passagères. Cependant, en restant fidèle à vos valeurs, en cultivant votre passion et en vous concentrant sur ce qui vous anime réellement, vous pouvez surmonter les défis et créer une entreprise qui vous ressemble.

Votre vision sera votre **guide** dans les moments d'incertitude, et votre passion sera le **moteur** qui vous propulsera à travers les obstacles. En restant aligné avec ces éléments, vous construirez non seulement une entreprise prospère, mais aussi une entreprise qui a un impact durable sur son environnement et qui laisse une empreinte positive sur ceux qu'elle touche.

Ce guide, *Partir de Zéro : Créez une Entreprise qui Vous Ressemble*, est le fruit d'une aventure personnelle intense, et je tiens à exprimer toute ma gratitude envers ceux qui m'ont soutenu tout au long de ce parcours.

Tout d'abord, je tiens à **me remercier moi-même**. Ce projet a nécessité beaucoup de temps, d'énergie, et une persévérance sans faille. Je suis fier d'avoir accompli cet objectif avec passion et détermination. Chaque idée, chaque mot, chaque ligne de ce livre est le reflet de mon propre cheminement vers la création d'une vie plus équilibrée, plus alignée avec mes valeurs et plus épanouissante. Cela m'a permis de comprendre que l'entrepreneuriat, bien plus qu'un simple parcours professionnel, est aussi une voie d'accomplissement personnel.

Je souhaite également exprimer un immense **merci à l'IA** dont l'assistance m'a aidé à affiner et structurer mes idées. Cet outil, loin de se substituer à la créativité humaine, m'a permis d'optimiser le processus créatif, d'apporter plus de clarté à mes réflexions et d'enrichir l'approche de ce projet. Collaborer avec cette technologie a été une expérience stimulante qui m'a ouvert de nouvelles perspectives sur la façon de structurer mes pensées et de communiquer efficacement.

Un **grand merci à vous, mes lecteurs**. Votre soif d'amélioration personnelle, votre quête d'accomplissement et votre désir de créer quelque chose de durable sont une source d'inspiration. J'espère sincèrement que ce livre vous apportera des conseils pratiques, des idées nouvelles, et des changements positifs dans votre propre aventure entrepreneuriale. Que ce soit pour bâtir une entreprise prospère ou simplement pour vivre plus en accord avec vos valeurs et vos passions, mon souhait est que ce livre devienne une ressource précieuse pour vous aider à franchir chaque étape du parcours.

Pour ceux qui souhaitent aller plus loin, continuer à explorer des **idées innovantes** ou découvrir des réflexions sur divers sujets de la vie, je vous invite à visiter **Unilabe.fr**, un blog généraliste gratuit que j'anime avec passion. Vous y trouverez une multitude d'articles sur des thèmes variés, avec toujours en ligne de mire l'objectif d'enrichir votre quotidien et d'apporter plus de bien-être, de connaissances, et de perspectives.

Avec toute ma reconnaissance,

Le créateur de Unilabe.fr Fabien

Numéro de Copyright

00091709-1

www.ingramcontent.com/pod-product-compliance
Lightning Source LLC
Chambersburg PA
CBHW071503220526
45472CB00003B/901